초등학생을 위한
바른 손글씨
한국사 330

도서출판 큰그림

초등학생을 위한
바른 손글씨 한국사 330

초판 발행 · 2018년 11월 12일
초판 3쇄 발행 · 2021년 9월 10일

지은이 편집부
펴낸이 이강실
펴낸곳 도서출판 큰그림
등 록 제2018-000090호
주 소 서울시 마포구 양화로 133 서교타워 1703호
전 화 02-849-5069
팩 스 02-6004-5970
이메일 big_picture_41@naver.com

디자인 예다움
인쇄 및 제본 미래 피앤피

가격 8,500원
ISBN 979-11-964590-1-7 73690

- 잘못된 책은 구입한 서점에서 바꿔 드립니다.
- 이 책의 저작권은 도서출판 큰그림에 있으므로 실린 글과 그림을 무단으로 복사, 복제, 배포하는 것은 저작권자의 권리를 침해하는 것입니다.
- 이 책에 사용된 일부 낱말의 뜻은 〈표준국어대사전〉에서 사용하였습니다.

머리말

역사를 알아가며 호감을 주는 바른 손글씨 한국사 330!

요즘 컴퓨터를 활용한 문서 작성(Word)이나 프레젠테이션(PPT) 발표 형식의 수업 방식에 길들여진 우리 아이들이 점점 손글씨 쓰기와 멀어져서 도저히 알아보기 힘들 정도로 악필인 경우가 많습니다.

〈초등학생을 위한 바른 손글씨 한국사 330〉은 단순한 손글씨 쓰기연습뿐만 아니라 우리의 역사적인 사건과 역사를 빛낸 인물들을 한 번씩 바르고 예쁘게 쓰면서 글씨 교정과 함께 한국사와 좀 더 친근해질 수 있는 계기를 만들고자 이 책을 만들게 되었습니다.

한국사 330개의 단어를 쓰면서 알고 있던 지식과 새로 알게 되는 한국사 지식을 완전히 나의 것으로 만들 수 있는 좋은 계기가 되기를 바랍니다.

글씨는 그 사람의 첫인상과 인격을 나타냅니다.

흘려쓰거나 띄어쓰기가 안 되어있는 초등학생 자녀들에게 조금 여유를 가지고 천천히 손글씨 쓰기에 시간을 투자한다면, 글씨 교정과 함께 역사공부라는 일거양득(一擧兩得)의 좋은 결과를 얻을 것입니다.

쓰기 분량이 너무 많아 아이들이 한 권을 끝내기도 전에 포기하는 경우가 많지만, 이 책은 내용과 분량이 아이들에게 부담스럽지 않아 한 권을 모두 끝낸 후 성취감도 얻을 수 있습니다.

초등학생 때 손글씨를 바르고 예쁘게 잡아줘야 중·고등학교로 올라가서 주관식 서술형 문제나 논술시험에서도 좋은 점수를 얻는 데 큰 도움이 됩니다.

이번 기회에 우리 아이들이 예쁘고 바른 손글씨 쓰기에 도전할 수 있도록 선택해 보세요.

편집부 일동

이 책의 구성

준비운동

글씨 쓰기의 준비단계로, 선 긋기 연습, 그림 그리기 연습, 자음·모음 쓰기 연습을 해 보세요.

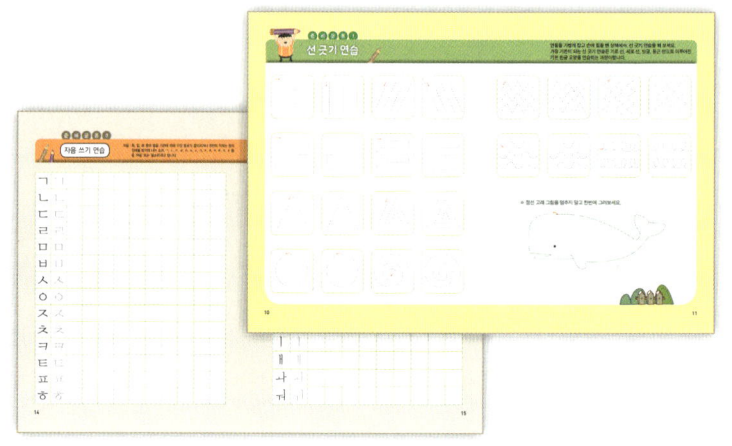

기본 정자체

첫째마당은 기본이 되는 '**정자체**' 연습으로, 글씨의 기초를 튼튼하게 만들어 줍니다.
또박또박 천천히 따라 쓰다 보면 한국사에서 '**선사시대**' 부터 '**조선 초기**'까지의 중요 단어들을 익힐 수 있습니다.

시대별로 나눈 중요한 주제
시대별로 중요한 단어를 3번씩 쓰면서 익히기
낱말의 이해를 돕기 위한 설명

첫째마당
한국사의 중요 단어 199개 표시

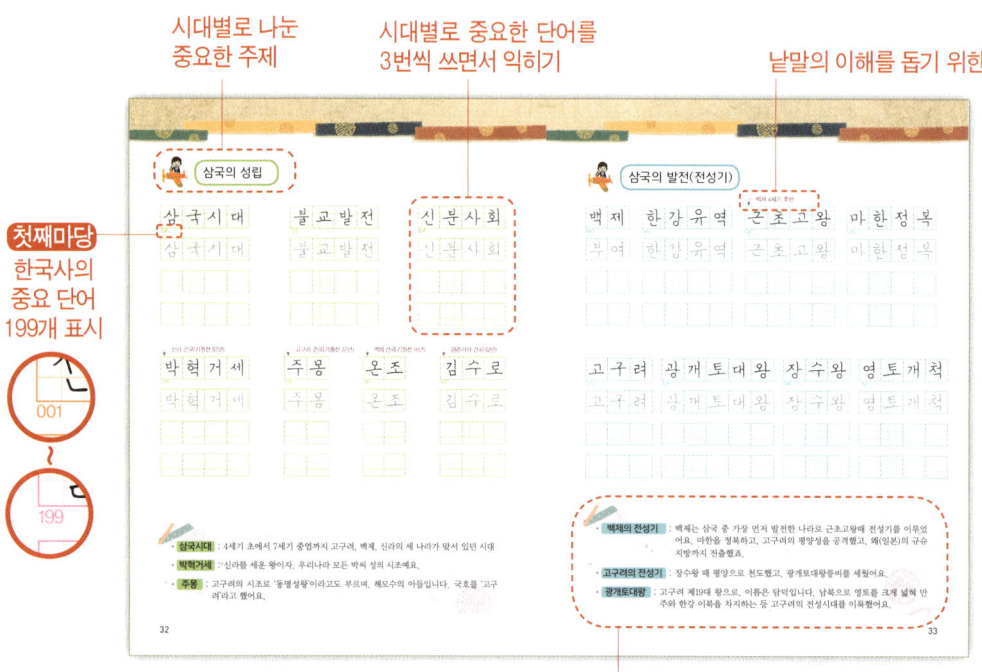

중간에 쉬어가는 코너, 퀴즈를 풀어보세요.

시대별로 한 번 더 읽고 가면 좋은 낱말의 뜻과 배경 설명

예쁜 명조체

둘째마당은 예쁜 '**명조체**' 연습으로, 단정하고 예쁜 글씨 연습을 합니다.
천천히 따라 쓰다 보면 한국사의 '**조선 후기**' 부터 '**대한민국의 오늘**'까지의 중요한 단어를 익힐 수 있습니다.

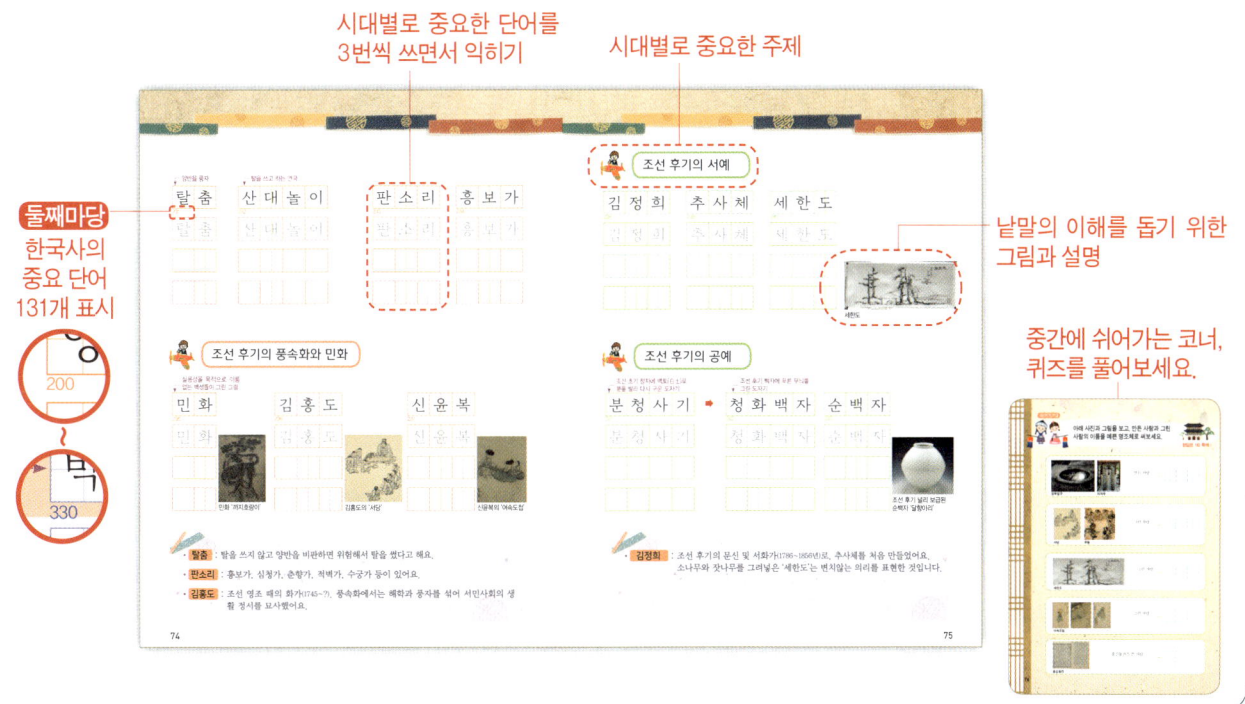

문장 따라 쓰기

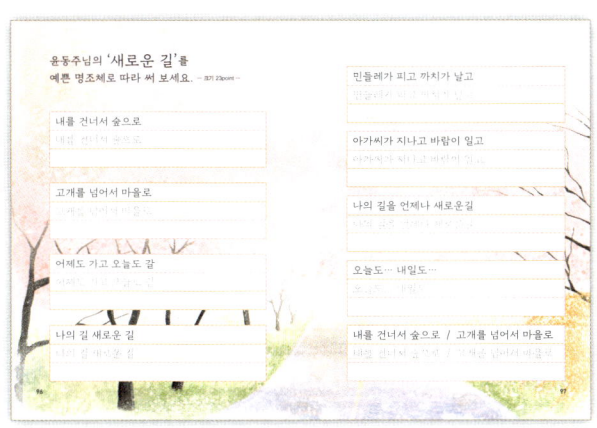

셋째마당은 예쁜 '**명조체**'로 문장 쓰기 연습입니다.
한국사에서 근대에 활동했던 윤동주, 김구,
한용운, 방정환 선생님의 아름다운 시를
다양한 글자 크기에 따라 써 보세요.

차례

준비운동

준비운동	9
선 긋기 연습	10
선 따라 그림 그리기 연습	12
자음 쓰기 연습	14
모음 쓰기 연습	15

첫째 마당

역사 이야기와 함께 바르게 쓰는 '정자체' 연습하기

1장 천리길도 한 걸음부터!
기본 글씨체 익히기 ········ 17

2장 한국사 단어 **001~035**
우리나라 역사의 시작, 선사시대와 고조선
'정자체'로 따라 쓰기 ········ 25

3장 한국사 단어 **036~096**
삼국의 성립과 통일, 그리고 발해
'정자체'로 따라 쓰기 ········ 31
쉬어가기 1 ········ 40

4장 한국사 단어 **097~145**
고려의 성립과 발전
'정자체'로 따라 쓰기 ········ 41
쉬어가기 2 ········ 50

5장 한국사 단어 **146~199**
조선의 성립과 발전, 그리고 임진왜란
'정자체'로 따라 쓰기 ········ 51

둘째 마당

역사 이야기와 함께
바르게 쓰는
'예쁜 명조체' 연습하기

6장 단정하고 예쁜 글씨체로
나만의 개성 있는 글씨 연습하기 ········· 61

7장 한국사 단어 200~243
조선 후기 정치와 사회 모습
'명조체'로 따라 쓰기 ········· 69

쉬어가기 3 ········· 76

8장 한국사 단어 244~289
서양 세력의 침략과 일제의 식민 지배 과정
'명조체'로 따라 쓰기 ········· 77

9장 한국사 단어 290~330
나라를 찾기 위한 민족운동과 대한민국의 오늘날
'명조체'로 따라 쓰기 ········· 85

셋째 마당

역사 이야기와 함께
바르게
문장 따라 쓰기

10장 아름다운 편지와 시 따라 쓰기
윤동주 / 김구 / 한용운 / 방정환 ········· 93

정답 ········· 109

바르게 글씨 쓰는 자세와 연필 잡는 방법

 글씨 쓸 때 바른 자세로 앉는 방법

- 허리를 펴서 의자 등받이에 붙입니다.
- 엉덩이는 의자 끝에 닿게 합니다.
- 두 발은 가지런히 모읍니다.
- 책과 눈의 거리가 30cm 이상 떨어지게 유지합니다.

 바르게 연필 잡는 방법

연필의 끝에서 2.5~3cm 정도 위를 잡아요.

연필 기울기는 60~70도 정도가 좋아요.

가운데 손가락으로 연필을 받치고 검지(두 번째 손가락)로 가볍게 잡도록 해요.

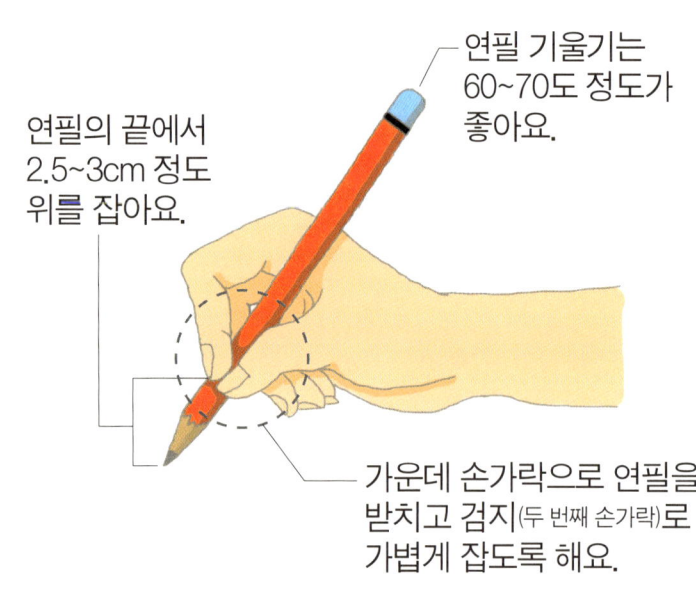

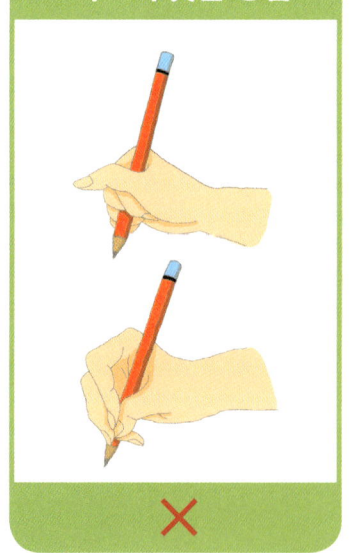

바르지 못한 방법

준비 운동

선 긋기 연습

선 따라 그림 그리기 연습

자음 쓰기 연습

모음 쓰기 연습

준비운동 1
선긋기 연습

연필을 가볍게 잡고 손에 힘을 뺀 상태에서 선 긋기 연습을 해 보세요.
가장 기본이 되는 선 긋기는 가로 선, 세로 선, 빗금, 둥근 선으로 이루어진 기본 한글 모양을 연습하는 과정이랍니다.

※ 점선 고래 그림을 멈추지 말고 한번에 그려보세요.

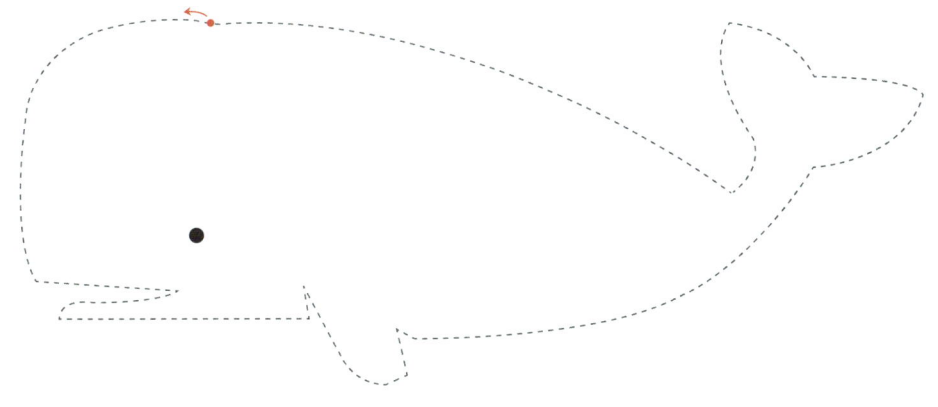

준 비 운 동 2
선 따라 그림 그리기 연습

※ 점선을 따라 그림을 그려보세요. 예쁜 글씨 쓰기의 기본인 선 긋기 연습이랍니다.

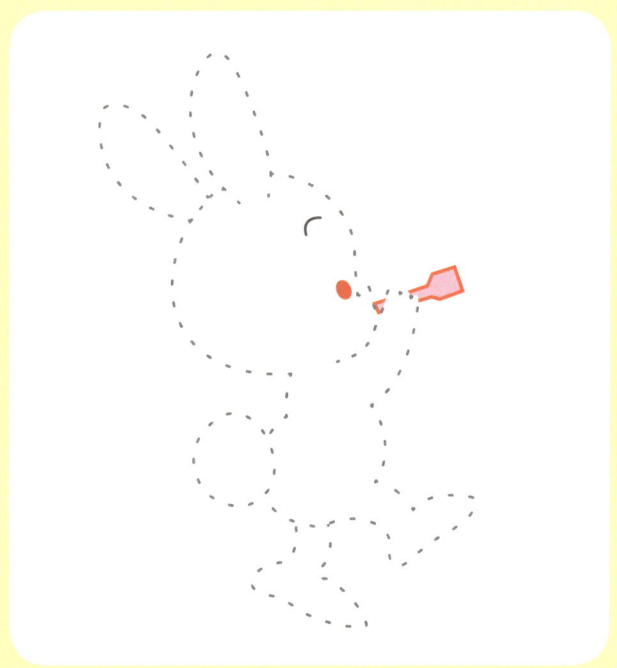

글씨 쓰는 연습도 그림을 그릴 때처럼 천천히, 그리고 꼼꼼하게 연습해야 해요.
재미있는 그림을 점선을 따라 그려보세요.

※ 선 긋기를 완성한 후 예쁘게 색칠해 보세요.

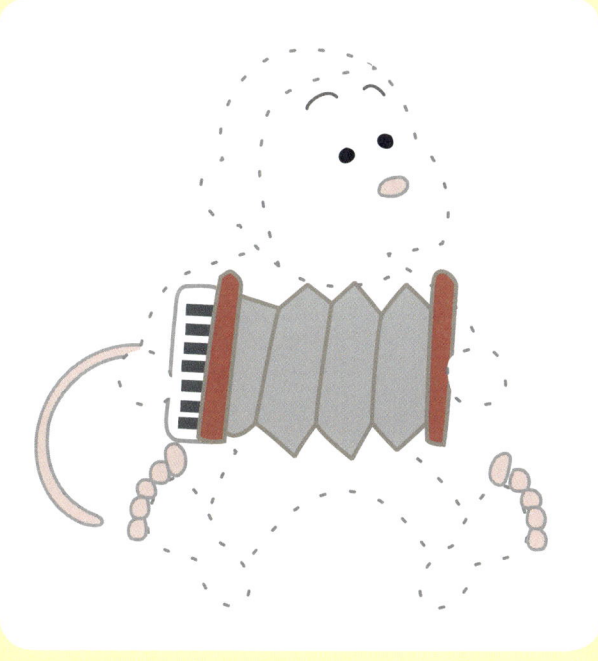
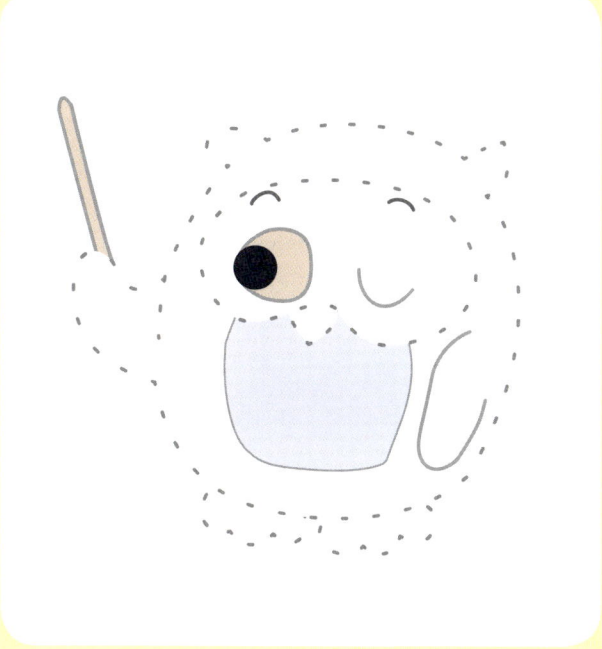

준비운동 3

자음 쓰기 연습

자음: 목, 입, 혀 등의 발음 기관에 의해 구강 통로가 좁아지거나 완전히 막히는 등의 장애를 받으며 나는 소리. ㄱ, ㄴ, ㄷ, ㄹ, ㅁ, ㅂ, ㅅ, ㅇ, ㅈ, ㅊ, ㅋ, ㅌ, ㅍ, ㅎ 등을 '자음' 또는 '닿소리'라고 해요.

ㄱ	ㄱ							
ㄴ	ㄴ							
ㄷ	ㄷ							
ㄹ	ㄹ							
ㅁ	ㅁ							
ㅂ	ㅂ							
ㅅ	ㅅ							
ㅇ	ㅇ							
ㅈ	ㅈ							
ㅊ	ㅊ							
ㅋ	ㅋ							
ㅌ	ㅌ							
ㅍ	ㅍ							
ㅎ	ㅎ							

모음 쓰기 연습

모음: 성대의 진동을 받은 소리가 목, 입, 코를 거쳐 나오면서 해당 통로가 좁아지거나 완전히 막히는 등의 장애를 받지 않고 나는 소리. ㅏ, ㅑ, ㅓ, ㅕ, ㅗ, ㅛ, ㅜ, ㅠ, ㅡ, ㅣ, ㅔ, ㅘ, ㅝ 등을 '모음' 또는 '홀소리'라고 해요.

첫째 마당

역사 이야기와 함께
바르게 쓰는
'정자체' 연습하기

1장

천리길도 한 걸음부터!
기본 글씨체 익히기

 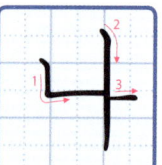

가	가				
거	거				
고	고				
교	교				
구	구				
쥬	쥬				
그	그				
기	기				
개	개				
각	각				
곳	곳				
굴	굴				

나	나				
너	너				
노	노				
누	누				
뉴	뉴				
느	느				
니	니				
내	내				
낭	낭				
낱	낱				
널	널				

다		리
다		라
더		러
도		로
두		루
듀		류
드		르
디		리
대		래
던		랄
당		랐
델		를

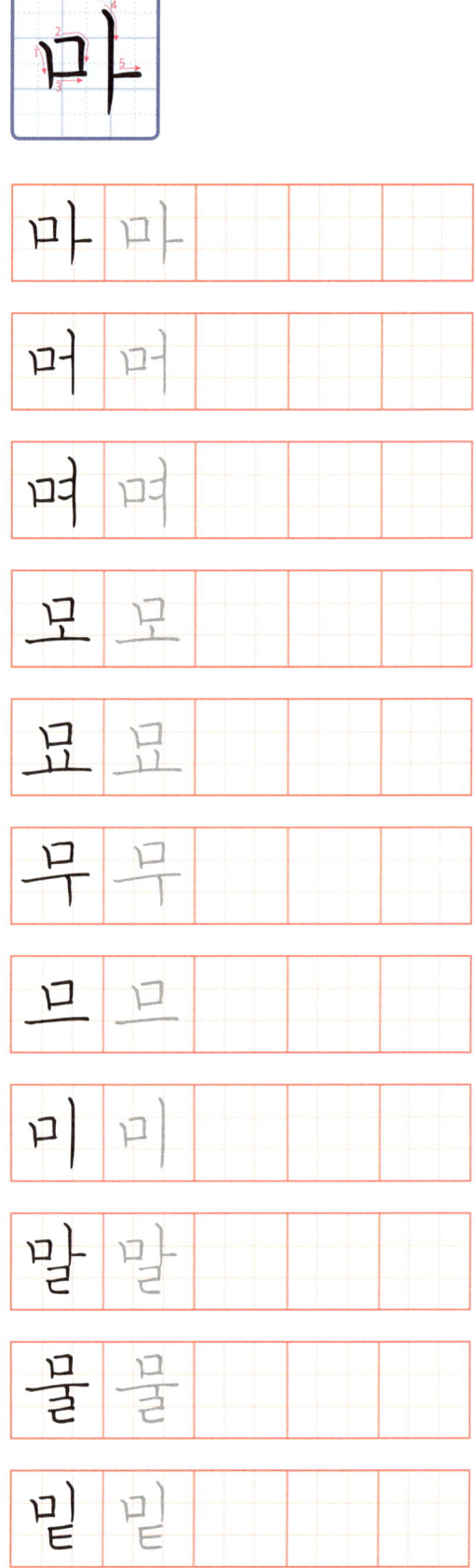

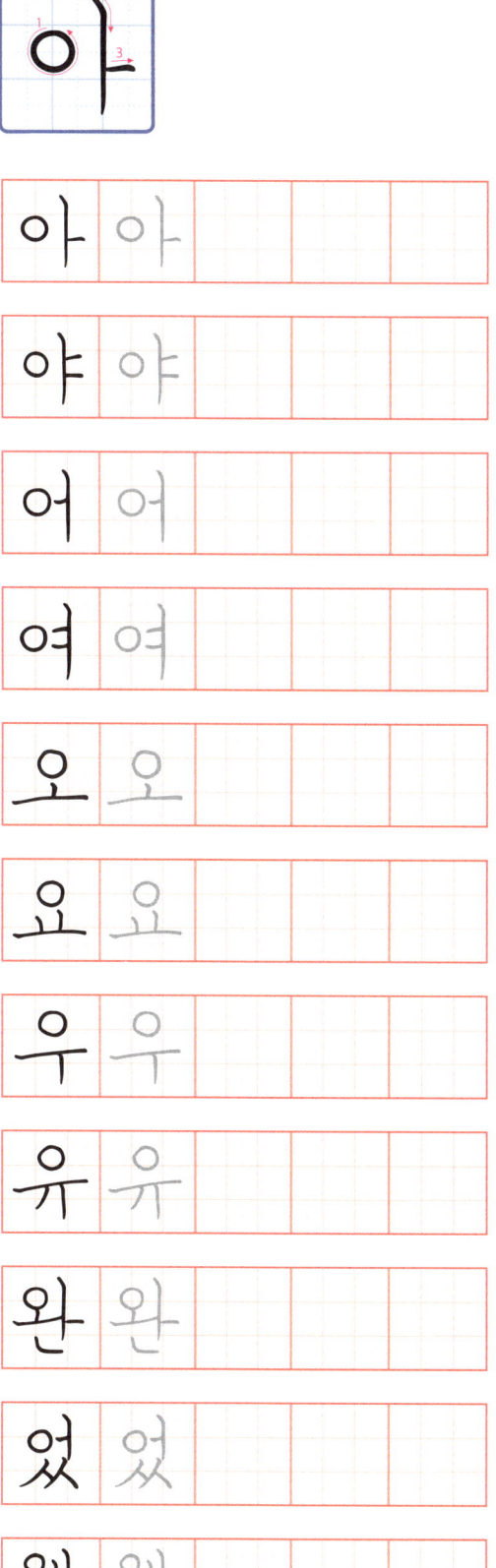

21

자				차		
자 자				차 차		
저 저				처 처		
져 져				초 초		
조 조				쵸 쵸		
주 주				추 추		
쥬 쥬				츄 츄		
즈 즈				츠 츠		
지 지				치 치		
작 작				철 철		
젖 젖				찼 찼		
쫓 쫓				칡 칡		

파				
파	파			
퍼	퍼			
포	포			
표	표			
푸	푸			
퓨	퓨			
프	프			
피	피			
팜	팜			
폈	폈			
필	필			

하				
하	하			
햐	햐			
허	허			
혀	혀			
호	호			
효	효			
후	후			
휴	휴			
학	학			
형	형			
활	활			

한국사 단어 001~035

2장

우리나라 역사의 시작
선사시대와 고조선
'정자체'로 따라 쓰기

선사시대의 생활 모습

| 선사시대 | 인류의 등장 |
001 002

약 70만 년 전 / 돌을 때려서 만든 사냥 도구(주먹도끼)

| 구석기 | 뗀석기 | 불의사용 | 동굴벽화 |
003 004 005 006

- **선사시대** : 기록으로 남아있지 않은 역사시대로, 구석기시대와 신석기시대, 그리고 청동기시대를 말해요.
- **구석기시대** : 약 70만 년 전부터 시작되었죠. 사람들이 돌을 깨뜨려 만든 뗀석기를 사용하였고, 동물을 사냥하거나 물고기를 잡아 식량을 구했으며, 추위를 피해 동굴이나 강가의 막집(나뭇가지와 가죽 등을 이용해 임시로 간단하게 지은 집) 등에서 살았어요.
- **뗀석기** : 구석기시대에 돌을 깨서 만든 돌연장(사냥 도구, 조리 도구)

┌── 약 1만 년 전   ┌── 농경 도구, 조리 도구
▼   ▼

| 신석기 | 간석기 | 농경 | 목축 | 어로 |
007   008   009   010   011

| 신석기 | 간석기 | 농경 | 목축 | 어로 |

┌── 음식을 조리 및 저장하는 토기
▼

| 빗살무늬토기 | 정착생활 | 움집 |
012   013   014

| 빗살무늬토기 | 정착생활 | 움집 |

- **신석기시대** : 신석기시대부터 농사를 짓기 시작하면서 정착생활을 하게 되었어요. 간석기로 농기구를 만들었고, 토기를 만들어 음식을 저장했죠. 초기에는 민무늬토기, 덧무늬토기 등이 있었고, 이후 빗살무늬토기가 제작되었어요. 그 외에 가락바퀴와 뼈바늘을 이용하여 그물, 옷 등을 만들었습니다.

- **간석기** : 신석기시대의 농경용 도구로, 돌을 갈아서 만든 석기

- **어로** : 물고기를 잡는 일. 어로를 하는 사람을 '어부(漁夫)'라고 해요.

- **빗살무늬토기** : 표면에 빗살 같은 줄이 새겨지거나 그어져 있는 신석기시대의 토기

▲ 빗살무늬 토기

고조선의 성립

기원전 2000년 경
청동기
015

반달돌칼
016

계급사회
017

탁자식, 바둑판식 무덤
고인돌
018

청동기 반달돌칼 계급사회 고인돌

◀ 반달 돌칼

◀ 고인돌

기원전 2333년
고조선
019

단군왕검
020

제사와 정치가 일치하는 사회
제정일치사회
021

고조선 단군왕검 제정일치사회

- **청동기시대** : 농업의 발달로 생활이 풍요로워졌고, 사유재산이 발생하면서 생산물을 차지하기 위한 전쟁이 자주 발생했어요.
- **고인돌** : 몇 개의 큰 돌을 둘러 세우고 그 위에 넓적한 돌을 덮어 놓은 선사시대의 무덤
- **고조선** : 단군왕검이 청동기시대의 농경문화를 바탕으로 세운 우리나라 최초의 국가예요.

| 홍익인간 | 사회질서 | 8조법 |

| 비파형동검 | 철기사용 | 거푸집 |

> 만들려는 물건의 모양대로 속이 비어 있어 그곳에 쇠붙이를 녹여 붓도록 되어 있는 틀

◀ 비파형동검

- **홍익인간** : '널리 인간을 이롭게 한다'는 통치 이념
- **8조법** : 8조법을 통해 고조선의 사회 모습을 엿볼 수 있어요. 계급사회, 사유재산 보호, 노동력 중시, 형벌과 노비가 있었죠.
- **철기 사용** : 청동은 구하기가 어려워서 지배자들이 주로 사용했지만, 철기는 쉽게 구할 수 있어서 농기구를 만드는 데 널리 쓰였어요.

여러 나라의 성장

| 부여 | 고구려 | 옥저 | 동예 | 삼한 (마한, 진한, 변한) |

| 제가 회의 (고구려의 사회 모습) | 민며느리제 (옥저의 사회 모습) | 두레 (삼한의 사회 모습) |

- **민며느리제** : 옥저에서는 며느리가 될 어린 여자아이를 데려와 키우다가 성인이 되면 남자쪽에서 물품으로 몸값을 치르고 혼례를 올리던 매매혼 제도가 있었어요.

- **두레** : 농민들이 농번기에 농사일을 공동으로 하기 위하여 부락이나 마을 단위로 만든 조직

한국사 단어 036~096

3장

삼국의 성립과 통일, 그리고 발해

'정자체'로 따라 쓰기

삼국의 성립

| 삼국시대 | 불교발전 | 신분사회 |
| 036 | 037 | 038 |

박혁거세	주몽	온조	김수로
신라 건국(기원전 57년)	고구려 건국(기원전 37년)	백제 건국(기원전 18년)	금관가야 건국(42년)
039	040	041	042

- **삼국시대** : 4세기 초에서 7세기 중엽까지 고구려, 백제, 신라의 세 나라가 대립하던 시대
- **박혁거세** : 신라를 세운 왕이자, 우리나라 모든 박씨 성의 시조예요.
- **주몽** : 고구려의 시조로, '동명성왕'이라고도 부르며, 해모수의 아들입니다. 국호를 '고구려'라고 했어요.

삼국의 발전(전성기)

⌐--- 백제 4세기 후반

| 백제 | 한강유역 | 근초고왕 | 마한정복 |
043 044 045 046

| 백제 | 한강유역 | 근초고왕 | 마한정복 |

| 고구려 | 광개토대왕 | 장수왕 | 영토개척 |
047 048 049 050

| 고구려 | 광개토대왕 | 장수왕 | 영토개척 |

- **백제의 전성기** : 백제는 삼국 중 가장 먼저 발전한 나라로 근초고왕 때 전성기를 이루었어요. 마한을 정복했고, 고구려의 평양성을 공격했으며, 왜(일본)의 규슈지방까지 진출했죠.
- **고구려의 전성기** : 장수왕 때 평양으로 천도했고, 광개토대왕릉비를 세웠어요.
- **광개토대왕** : 고구려 제19대 왕으로, 이름은 담덕입니다. 남북으로 영토를 크게 넓혀 만주와 한강 이북을 차지하는 등 고구려의 전성시대를 이룩했어요.

진흥왕이 개척한 땅을 기념하여 4개의 순수비와 단양적성비를 세움

| 신라 | 진흥왕 | 화랑도 | 단양적성비 |
| 051 | 052 | 053 | 054 |

삼국의 경제

- 흉년에 곡식을 빌려주고 가을에 갚게 하는 고구려 제도
- 삼국시대 평민은 국가세인 조세, 공물, 역을 부담함
- 15세 이상 남자의 노동력 동원
- 신라 지증왕 때 경주 동쪽에 설치한 시장

| 진대법 | 조세 | 공물 | 역 | 동시 |
| 055 | 056 | 057 | 058 | 059 |

- **화랑도** : 신라시대의 청소년 수련 단체로, '꽃처럼 아름다운 남성의 무리'라는 뜻입니다.
- **진대법** : 고구려 고국천왕이 흉년에 곡식을 빌려주고 가을에 갚게 하는 진대법을 실시했어요.
- **조세** : 곡물과 옷감을 징수했어요.
- **공물** : 특산물을 부과했어요.

삼국의 사회 / 통치 체제

신라의 엄격한 신분제도
골품제 060

삼국시대 사람들의 신분은 귀족, 평민, 천민으로 나뉨
귀족 061 **평민** 062 **천민** 063

고구려의 귀족회의
제가회의 064

백제의 귀족회의
정사암회의 065

신라의 귀족회의
화백회의 066

- **골품제** : 신라 때 혈통에 따라 나눈 엄격하고 폐쇄적인 신분 제도로, 왕족은 '성골'과 '진골'로 나뉘었어요.
- **귀족** : 상류계층으로, 정치적·사회적·경제적 특권을 많이 누렸어요.
- **제가회의** : 고구려의 대가(부족장)들이 모여 국가의 중대사를 결정했어요.
- **화백회의** : 신라의 귀족 회의로, 만장일치제에 따라 의견을 결정했어요.

삼국통일

┌─ 고구려의 을지문덕 장군이 살수에서 수의 침입을 격파(612년) ─┐

을지문덕 067

살수대첩 068

천리장성 069

을지문덕

살수대첩

천리장성

┌─ 고구려는 당을 격퇴(645년)

┌─ 나·당연합군의 공격으로 고구려의 평양성 함락(668년)

연개소문 070

안시성싸움 071

평양성함락 072

연개소문

안시성싸움

평양성함락

612년 고구려 을지문덕 살수대첩

631년 고구려 천리장성 (647년 완성)

645년 고구려 안시성 싸움 승리

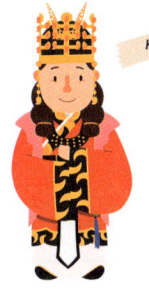

선덕여왕 : 신라 최초의 여왕(신라 27대 왕, 재위기간 : 632 ~ 647년)이자 한국사 최초의 여왕이다. 삼국통일의 기반을 다졌고, 오늘날 동아시아에 있는 가장 오래된 천문대인 **첨성대**와 **황룡사 9층 목탑**을 만들었다.

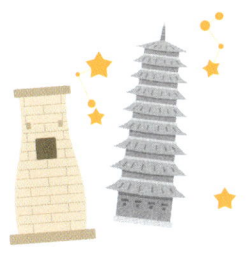

선	덕	여	왕
선	덕	여	왕

073

김	춘	추
김	춘	추

074

김	유	신
김	유	신

075

신라는 당과 동맹(648년)

나	당	동	맹
나	당	동	맹

076

의	자	왕
의	자	왕

077

백제의 계백결사대가 황산벌전투에서 신라의 김유신에게 패배(660년)

계	백
계	백

078

황	산	벌	전	투
황	산	벌	전	투

079

660년	668년	676년	698년
백제 멸망	고구려 멸망	신라, 삼국통일	발해 건국

발해의 건국

698년 건국
발해

대조영

바다 동쪽의 융성한 나라
해동성국

난방 형식(고구려와 동일)
온돌

통일신라

신라 김춘추(진골 출신)
무열왕

삼국통일 완성
문무왕

혜초

골품은 성골, 진골, 6·5·4두품 신분으로 나뉨
성골

진골

- **발해** : 고구려의 장수였던 대조영이 동모산에 도읍을 정하고 세운 나라로, '해동성국'이라고도 불렀어요.
- **대조영** : 원래 대조영은 고구려 사람이지만 고구려 멸망 후 고구려 유민과 말갈인을 모아 발해를 건국했어요(698년).
- **혜초** : 통일신라시대의 승려. 당나라에서 불경을 공부하다가 인도를 순례하고 돌아와 〈왕오천축국전〉을 저술 했어요.

| 바다의 왕자 장보고 | 청해진 |
| 089 | 090 | 091 |

↑ 중국과 일본을 왕래하는 바닷길

| 원효 | 불교 | 불국사 | 석굴암 | 다보탑 |
| 092 | 093 | 094 | 095 | 096 |

↑ 경상북도 경주시 토함산 동쪽에 있는, 우리나라의 대표적인 석굴 사원. 신라 경덕왕 때 김대성이 축조

- **장보고** : 9세기에 완도에 청해진을 설치하여 황해와 남해의 해상권을 장악했고, 당나라와 일본을 왕래했어요.

- **불국사** : '불국(佛國)'은 '부처님의 나라'라는 의미. 불국사에는 33개의 계단과 석가탑, 그리고 다보탑이 조화를 이루고 있어요. 1995년 불국사와 석굴암은 세계문화유산으로 지정되었죠.

▲ 석굴암

▲ 다보탑

▲ 불국사

▲ 석가탑

쉬어가기 1

왼쪽 내용에 알맞는 단어를 찾아 연결해 보세요.

: 정답은 110쪽에 :

 고구려의 시조로, '동명성왕'이라고도 부르며, 해모수의 아들입니다. 국호를 '고구려'라고 했어요. ● ● 박혁거세

 신라를 세운 왕이자, 우리나라 모든 박씨 성의 시조예요. ● ● 주몽

 고구려 제19대 왕으로, 이름은 담덕입니다. 남북으로 영토를 크게 넓혀 만주와 한강 이북을 차지하는 등 고구려의 전성시대를 이룩했어요. ● ● 광개토대왕

 신라 때 혈통에 따라 나눈 엄격한 폐쇄적 신분제도로, 왕족은 '성골'과 '진골'로 나뉘었어요. ● ● 화랑도

 신라시대의 청소년 수련 단체로, '꽃처럼 아름다운 남성의 무리'라는 뜻입니다. ● ● 골품제

 9세기에 완도에 청해진을 설치하여 황해와 남해의 해상권을 장악했고, 당나라와 일본을 왕래했어요. ● ● 발해

 고구려의 장수였던 대조영이 동모산에 도읍을 정하고 세운 나라로, '해동성국'이라고도 불렀어요. ● ● 장보고

한국사 단어
097 ~ 145

고려의 성립과 발전

'정자체'로 따라 쓰기

후삼국 통일

| 진골귀족 | 왕위다툼 | 호족성장 |

| 지방세력 | 견훤 | 궁예 | 왕건 |

- **후삼국** : 삼국을 통일한 신라는 오랫동안 평화로웠으나 진골 귀족이 서로 왕위 다툼을 벌이면서 농민들의 분노가 폭발했어요. 그러면서 지방의 호족 세력이 힘이 커졌고, 전라도 지역의 견훤(후백제의 시조), 철원 지역의 궁예(후고구려의 건국자)가 새 왕조를 열었죠.

｜견훤이 세움　｜궁예가 세움　｜왕건이 세움

| 후삼국 | 후백제 | 후고구려 | 고려 |

후삼국을 통일한 고려의 사회

｜'서경(평양)'을 수도로 삼음　｜지방 호족의 자제를 개경에 볼모로 머물게 함　｜임금님께 충성하고, 부모님께 효도를 강조하는 사상

| 북진정책 | 기인제도 | 유교사상 |

- 900년 — 견훤 후백제 건국
- 901년 — 궁예 후고구려 건국
- 918년 — 왕건 고려 건국
- 926년 — 발해 멸망
- 936년 — 고려, 후삼국 통일

 **고려의 제도**

노비안검법　과거제　음서제

 **고려의 문벌 귀족 사회와 무신 정권**

지방 호족 출신의 중앙 관료가 중심인 사회.
이자겸, 최충, 김부식이 대표적 문벌 귀족

문벌귀족사회

1126년 지배층 분열

이자겸의 난

1135년 풍수지리설을 이용해 서경 천도 추진

묘청의 난

- **노비안검법** : 부당하게 노비가 된 사람을 다시 양민으로 복귀시켜주었어요.
- **과거제** : 시험을 보아 관리를 뽑았어요.
- **음서제** : 추천 방식으로 국가에 공을 세운 관리의 자녀에게 관직을 주었어요.

┌── 1170년 무신들을 중심으로 권력 행사
▼
무신정변
117

┌── 최충헌이 교정도감 설치
▼
최씨정권
118

┌── 최씨정권의 군사 기반
▼
삼별초
119

세계 속의 고려

┌── 황해도 예성강 하류에 있는
│   고려시대의 중요한 나루(국제 무역항)
▼
벽란도
120

대외교류
121

아라비아상인
122

- **벽란도** : 예성강 끝자락의 벽란도에서 송나라 상인들과 많이 교류했어요. 송나라 상인은 비단과 자기, 밀가루를 들여왔고, 고려는 인삼, 삼베, 종이, 먹 등을 수출했답니다.
- **아라비아 상인** : 아시아, 유럽 등에 걸쳐 무역활동을 하던 이슬람 상인을 뜻하며 고려 시대 한반도를 오가며 활발한 활동을 했다.

 **고려의 화폐**

건원중보 | 은병(은으로 만든 화폐) | 해동통보 | 삼한통보

 **고려의 지배층 변천**

호족 → 문벌귀족 → 무신 → 권문세족 →

건원중보

은병

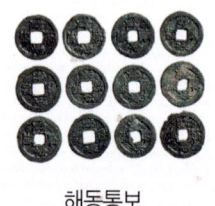
해동통보

삼한통보

신	진	사	대	부
신	진	사	대	부

> **고려사회의 신분 제도**
> • 귀족 : 왕족과 고위 관료
> • 중류층 : 잡류, 남반, 향리, 군반
> • 양민 : 농민, 향 · 부곡 · 소민
> • 천민 : 노비가 대다수(공노비, 사노비로 구분)

고려의 역사서 편찬

⌐ 현재 존재하는 최고의 역사서

삼	국	사	기
삼	국	사	기

삼	국	유	사
삼	국	유	사

제	왕	운	기
제	왕	운	기

- **삼국사기** : 김부식 등이 편찬한 삼국의 역사서
- **삼국유사** : 승려 일연이 편찬한 역사서. 단군신화와 향가 등이 수록되었어요.
- **제왕운기** : 고려 말 이승휴가 지은 역사서

고려 인쇄술의 발달

| 목 | 판 | 인 | 쇄 | 술 |

135

| 목 | 판 | 인 | 쇄 | 술 |

| 팔 | 만 | 대 | 장 | 경 |

136

| 팔 | 만 | 대 | 장 | 경 |

▲ 팔만대장경

| 금 | 속 | 인 | 쇄 | 술 |

137

| 금 | 속 | 인 | 쇄 | 술 |

┌── 현재 존재하는 세계 최초의 최고 금속활자본

| 직 | 지 | 심 | 체 | 요 | 절 |

138

| 직 | 지 | 심 | 체 | 요 | 절 |

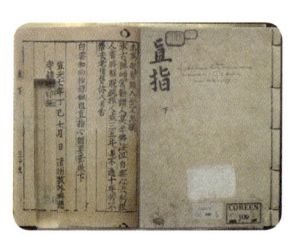
▲ 직지심체요절

- **팔만대장경** : 현재 합천 해인사에 보관되어 있어요.
- **금속인쇄술** : 고려 후기의 '상정고금예문'은 구텐베르크의 금속활자보다 200여 년 앞서 제작되었어요.
- **직지심체요절** : 현존하는 세계 최고의 금속활자본으로, 현재 프랑스 국립도서관에 보관되어 있어요.

고려 문화의 발전

고려청자
139
고려청자

상감청자
140
상감청자

나전칠기
141
나전칠기

▲ 나전칠기

목화씨앗
142
목화씨앗

문익점
143
문익점

화약무기
144
화약무기

최무선
145
최무선

- **상감청자** : 청자의 표면에 그림을 그려서 파내고 그 자리에 다른 흙으로 메운 후 청자색의 유약을 발라 구운 도자기예요.

- **문익점** : 고려 말기의 학자이며 중국 원나라에 갔다가 목화씨를 붓두껍(붓촉에 끼워 두는 뚜껑)에 숨겨와 우리나라 목화의 보급에 기여하여 백성들의 옷감이 삼베에서 무명으로 바뀌게 되었어요.

- **최무선** : 고려 말기의 장수이며 우리나라 최초로 화포를 발명한 사람입니다.

쉬어가기 2

가로, 세로 낱말 퍼즐을 맞춰보세요.
글씨는 예쁜 '정자체'로 써보세요.

: 정답은 110쪽에 :

가로 열쇠
2. 고구려의 대가(부족장)들이 모여 국가의 중대사를 결정하는 회의
3. '꽃처럼 아름다운 남성의 무리'라는 뜻으로, 화랑이 지켜야 했던 도리(세속 5계)를 신조로 하였다.
4. '널리 인간을 이롭게 한다'는 통치 이념
6. 경상북도 경주시 토함산 동쪽에 있는, 우리나라의 대표적인 석굴 사원. 신라 경덕왕 때 김대성이 축조
7. 청동으로 만든 그릇이나 기구
8. 몇 개의 큰 돌을 둘러 세우고 그 위에 넓적한 돌을 덮어 놓은 선사시대의 무덤
9. 기록으로 남아있지 않은 역사 시대. 석기시대와 청동기시대를 말한다.
11. 1392년 이성계가 고려를 무너뜨리고 세운 나라. 한양을 도읍으로 정하고, 불교를 배척, 성리학을 사회의 지도 이념으로 삼고 양반 관료 체제를 이루었다.
12. 구석기시대에 돌을 깨서 만든 돌연장(사냥 도구, 조리 도구)
14. 고구려와 중국 수나라가 살수에서 벌인 큰 싸움으로, 을지문덕 장군이 격파했다.

세로 열쇠
1. 신라 때 혈통에 따라 나눈 엄격하고 폐쇄적인 신분 제도
3. 신라의 귀족 회의로, 만장일치제에 따라 의견을 결정
5. 신석기시대의 농경용 도구로, 돌을 갈아서 만든 석기
8. 우리나라 최초의 국가. 기원전 2333년 무렵에 단군왕검이 세운 나라
10. 고구려 출신으로, 고구려 유민과 말갈인을 이끌고 발해를 건국했다.
13. 표면에 빗살 같은 줄이 새겨지거나 그어져 있는 신석기시대의 토기
15. 재난이나 흉년 든 해에 어려운 백성에게 나라의 곡식을 빌려주던 제도. 고구려 고국천왕 16년부터 실시했다.

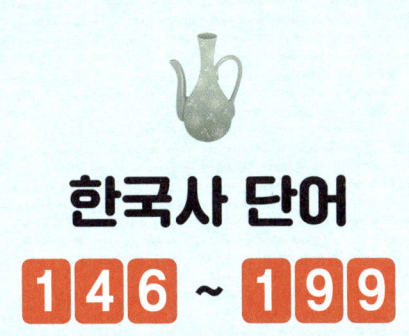

한국사 단어 146~199

5장

조선의 성립과 발전, 그리고 임진왜란

'정자체'로 따라 쓰기

조선의 건국 과정

1388년 이성계 등이 위화도에서 군서를 돌림
위화도회군

1391년에 실행한 토지개혁
과전법실시

1392년 이성계가 고려를 무너뜨리고 세운 나라
조선건국

태조 이성계의 업적

한양천도

조선 태조 4년(1395년)에 건립
경복궁축조

종묘와 사직 : 종묘(宗廟)는 왕과 왕비들의 제사를 지내던 곳이고, 사직(社稷)단은 토지신과 곡식신에게 제사를 올리던 곳입니다.

종묘 사직

- **위화도회군** : 고려 우왕 14년(1388년), 명나라의 요동을 공략하기 위하여 출정하였던 이성계 등이 위화도에서 군사를 돌려 왕을 내쫓고 최영을 유배한 뒤 정권을 장악한 사건입니다. 이 사건은 조선 왕조 창건의 기반이 되었어요.

- **조선** : 1392년 이성계가 고려를 무너뜨리고 세운 나라. 한양을 도읍으로 정하고, 불교를 배척, 성리학을 사회의 지도 이념으로 삼고 양반 관료 체제를 이루었어요.

성리학의 영향

정도전 | 불씨잡변 | 유교 | 인의예지신

(정도전이 저술한 불교 비판 저술서)

태종 이방원의 야심

왕자의 난 | 왕권강화 | 호패법 | 신문고

(16세 이상의 남자들이 차고 다니던 조선시대의 신분증)

(백성이 억울한 일을 하소연할 때 치던 북)

- **정몽주와 정도전** : 두 인물 모두 고려 왕조를 개혁하고자 성리학을 중심으로 불교의 폐단을 개혁하고 싶어했습니다. **정도전**(호는 삼봉(三峯))은 **조선 건국의 주역**으로 이성계를 도와 나라의 기틀을 다졌고, 고려의 마지막 충신 **정몽주**는 고려 왕실을 재건하려고 하다가 이방원에 의해 암살당합니다.

- **인의예지신** : 인(仁)-어진 마음, 의(義)-옳은 마음, 예(禮)-예의바름, 지(智)-지혜로움, 신(信)-믿음

조선의 교육과 관리 등용

┌─ 최고 교육 기관
성균관

┌─ 문관, 무관, 기술관의 관리를 뽑는 제도
과거제도

┌─ 서울 중등 교육 기관
4부학당

┌─ 지방 교육 기관
향교

세종대왕의 업적

세종   **집현전**   **민본정치**   **훈민정음**

- 조선의 중앙 조직의 핵심은 **의정부**와 **6조**(이조, 호조, 예조, 병조, 형조, 공조)입니다.
- **집현전** : 세종대왕이 학문 연구를 장려하기 위해 설치한 학문 연구 기관
- **세종대왕** : '대왕'이란 호칭은 큰 업적을 세운 왕에게만 붙이는 만큼 **세종 대왕**의 업적은 대단했습니다. **훈민정음**을 창제하고, **측우기**와 **해시계** 등의 과학 기구 제작, 국토 확장, 쓰시마섬 정벌로 왜구들을 진정시키는 등 조선 왕조의 기틀을 튼튼히 했습니다.

54

조선의 역사서, 지도, 법전

▼ 조선시대 역대 왕의 통치를 기록한 역사서

조선왕조실록

▼ 성종 때 각 지역의 토지, 교통, 인물 등을 기록

동국여지승람

▼ 세종 때 충신, 효자, 열녀의 행적을 그림과 함께 설명한 서적

삼강행실도

▼ 성종 때 완성한 조선의 기본 법전

경국대전

훈민정음

동국여지승람

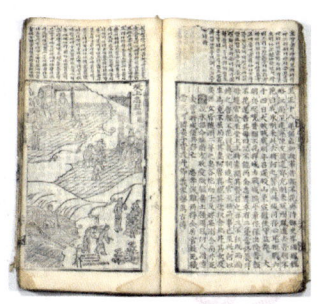

삼강행실도

세종 때의 과학 기술

세종 때 하늘의 모습과 별자리를 관측하던 기구

세종 때 백성들을 위해 만든 해시계

| 장영실 | 혼천의 | 간의 | 앙부일구 |

세종 때 시간을 측정하던 물시계

세종 때 강우량을 측정하는 기구

농사법을 담은 책

| 자격루 | 측우기 | 농업장려 | 농사직설 |

앙부일구

자격루

- **농사직설** : 오늘날 전하는 가장 오래된 농서로, 조선 세종 11년(1429년)에 정초 등이 농사에 관한 지식을 모아 지은 책입니다.

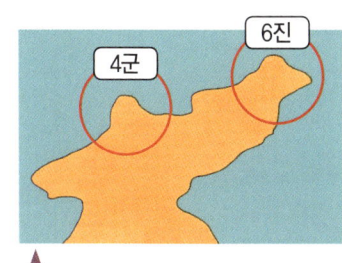

세종(1443년)의 명을 받은 최윤덕 장군과 김종서 장군은 북쪽의 압록강과 두만강 주변의 여진족을 몰아내고 4군과 6진을 설치하였다. 그리고 남쪽 지방의 백성들을 국경지역으로 이주시켰는데, 이러한 이민정책을 '사민정책'이라고 한다. 이때 오늘날의 국경이 만들어졌다.

| 4군 6진 | 사민정책 |

 **임진왜란**

1592년 일본 침략으로 전쟁 시작

1597년 조선 수군이 명량에서 일본 수군을 크게 쳐부순 싸움

| 임진왜란 | 이순신 | 거북선 | 명량대첩 |

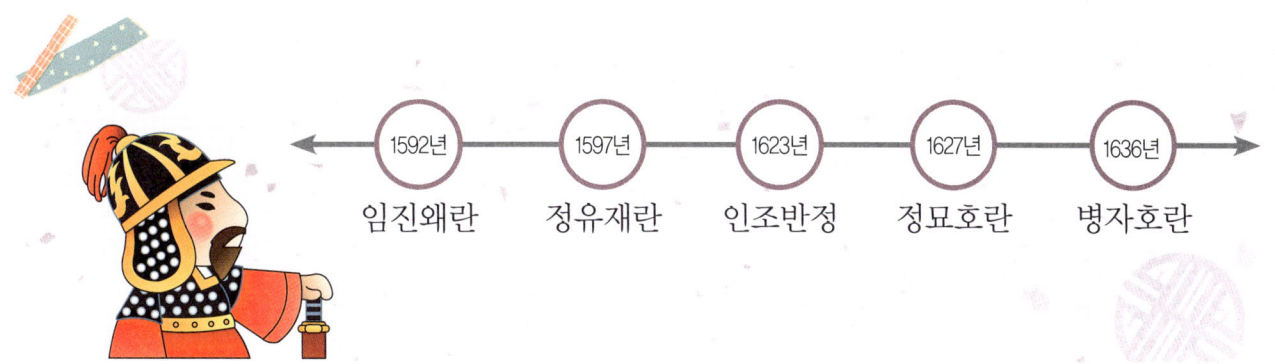

1592년 임진왜란 — 1597년 정유재란 — 1623년 인조반정 — 1627년 정묘호란 — 1636년 병자호란

▽ 붉은 옷을 입고 의병활동

| 곽 | 재 | 우 |
187

| 홍 | 의 | 장 | 군 |
188

▽ 임진왜란 중 군대 설치. 훈련도감의 군인들은 상비군으로 급료를 받음

| 훈 | 련 | 도 | 감 |
189

 **광해군의 중립외교**

| 광 | 해 | 군 |
190

| 중 | 립 | 외 | 교 |
191

| 대 | 동 | 법 |
192

| 동 | 의 | 보 | 감 |
193

- **대동법** : 공납 대신 토지 소유에 따라 쌀이나 화폐로 납부하는 제도로, 광해군 때 처음 경기도 지역에 실시되었어요.
- **동의보감** : 조선 시대 허준이 중국과 조선의 의서를 집대성(하나로 모아 체계를 이루어 완성)하여 펴낸 의학서적입니다.

동의보감

병자호란

인조반정 → 정묘호란 → 병자호란

- 후금의 조선 침략, 1627년
- 청의 조선 침략, 1636년

양란 이후

통신사파견 — 조선사절단. 일본에 조선의 선진문화 전파

안용복 — 조선 숙종 때의 어민(漁民)으로, 일본 어민들이 울릉도를 자주 침범하자 일본에 가서 우리 영토 침범을 항의했어요.

울릉도와 독도

- **인조반정** : 조선 광해군 15년(1623년), 서인이 광해군 및 집권파인 대북파를 몰아내고 인조를 즉위시킨 정변이에요.
- **정묘호란** : 조선 인조 5년(1627)에 후금이 인조반정의 부당성을 내세워 침입하여 일어난 난리예요. 인조가 강화도로 피란하였다가 강화 조약을 맺고 두 나라는 형제의 나라가 되었답니다.
- **병자호란** : 조선 인조 14년(1636)에 청나라가 침입한 난리예요. 청나라 태종이 20만 대군을 거느리고 침략을 했고, 이후 인조와 대신들은 남한산성에서 항전을 계속했지만, 인조는 삼전도(서울과 남한산성을 이어 주던 나루)에서 이마를 세 번 땅에 대고 절하고 청나라를 황제의 나라로 섬기기로 하는 굴욕적인 약속을 하게 됩니다.

6장

단정하고 예쁜 글씨체로
나만의 개성 있는 글씨
연습하기

 **예쁜 명조체로 '가' 연습**

가	갸	거	겨	고	교	구	규	그	기
가	갸	거	겨	고	교	구	규	그	기

까	꼬	과	괘	각	건	결	같	갔	꿀

 **예쁜 명조체로 '나' 연습**

나	냐	너	녀	노	뇨	누	뉴	느	니
나	냐	너	녀	노	뇨	누	뉴	느	니

놔	눠	눼	늬	낙	낱	넝	눕	늪	났

예쁜 명조체로 '다' 연습

다	댜	더	뎌	도	됴	두	듀	드	디
다	댜	더	뎌	도	됴	두	듀	드	디

따	뚜	띠	돠	돼	닥	던	돈	델	떨

예쁜 명조체로 '라' 연습

라	랴	러	려	로	료	루	류	르	리
라	랴	러	려	로	료	루	류	르	리

롸	뤄	뤼	락	랄	롤	랐	랠	렐	램

예쁜 명조체로 '마' 연습

마	먀	머	며	모	묘	무	뮤	므	미
마	먀	머	며	모	묘	무	뮤	므	미

뫄	뫼	뭐	뭬	말	맡	멀	멎	문	맵

예쁜 명조체로 '바' 연습

바	뱌	버	벼	보	뵤	부	뷰	브	비
바	뱌	버	벼	보	뵤	부	뷰	브	비

빠	뽀	뿌	봐	붸	밭	별	벨	봤	빵

 예쁜 명조체로 '사' 연습

사	샤	서	셔	소	쇼	수	슈	스	시
사	샤	서	셔	소	쇼	수	슈	스	시

싸	쏘	쓰	쇄	쉬	선	섣	삵	솥	썰

 예쁜 명조체로 '아' 연습

아	야	어	여	오	요	우	유	으	이
아	야	어	여	오	요	우	유	으	이

와	워	웨	위	왁	완	왈	았	웹	웜

 예쁜 명조체로 '자' 연습

자	쟈	저	져	조	죠	주	쥬	즈	지
자	쟈	저	져	조	죠	주	쥬	즈	지

짜	쪼	좌	쫴	줘	쥐	작	젖	잘	쫒

 예쁜 명조체로 '차' 연습

차	챠	처	쳐	초	쵸	추	츄	츠	치
차	챠	처	쳐	초	쵸	추	츄	츠	치

촤	춰	최	취	착	철	첩	찰	찾	칡

 예쁜 명조체로 '카' 연습

카	캬	커	켜	코	쿄	쿠	큐	크	키
카	캬	커	켜	코	쿄	쿠	큐	크	키

콰	쿼	퀴	칵	칸	컴	쿵	켰	캔	쾡

 예쁜 명조체로 '타' 연습

타	탸	터	텨	토	툐	투	튜	트	티
타	탸	터	텨	토	툐	투	튜	트	티

톼	퉈	퇴	탐	털	톡	튤	틈	텔	튔

예쁜 명조체로 '파' 연습

파	퍄	퍼	펴	포	표	푸	퓨	프	피
파	퍄	퍼	펴	포	표	푸	퓨	프	피

퐈	폐	푀	퓌	팝	팡	펄	폿	필	펜

예쁜 명조체로 '하' 연습

하	햐	허	혀	호	효	후	휴	흐	히
하	햐	허	혀	호	효	후	휴	흐	히

화	훠	훼	휘	학	형	홀	활	핵	휠

7장

조선 후기
정치와 사회 모습

'명조체'로 따라 쓰기

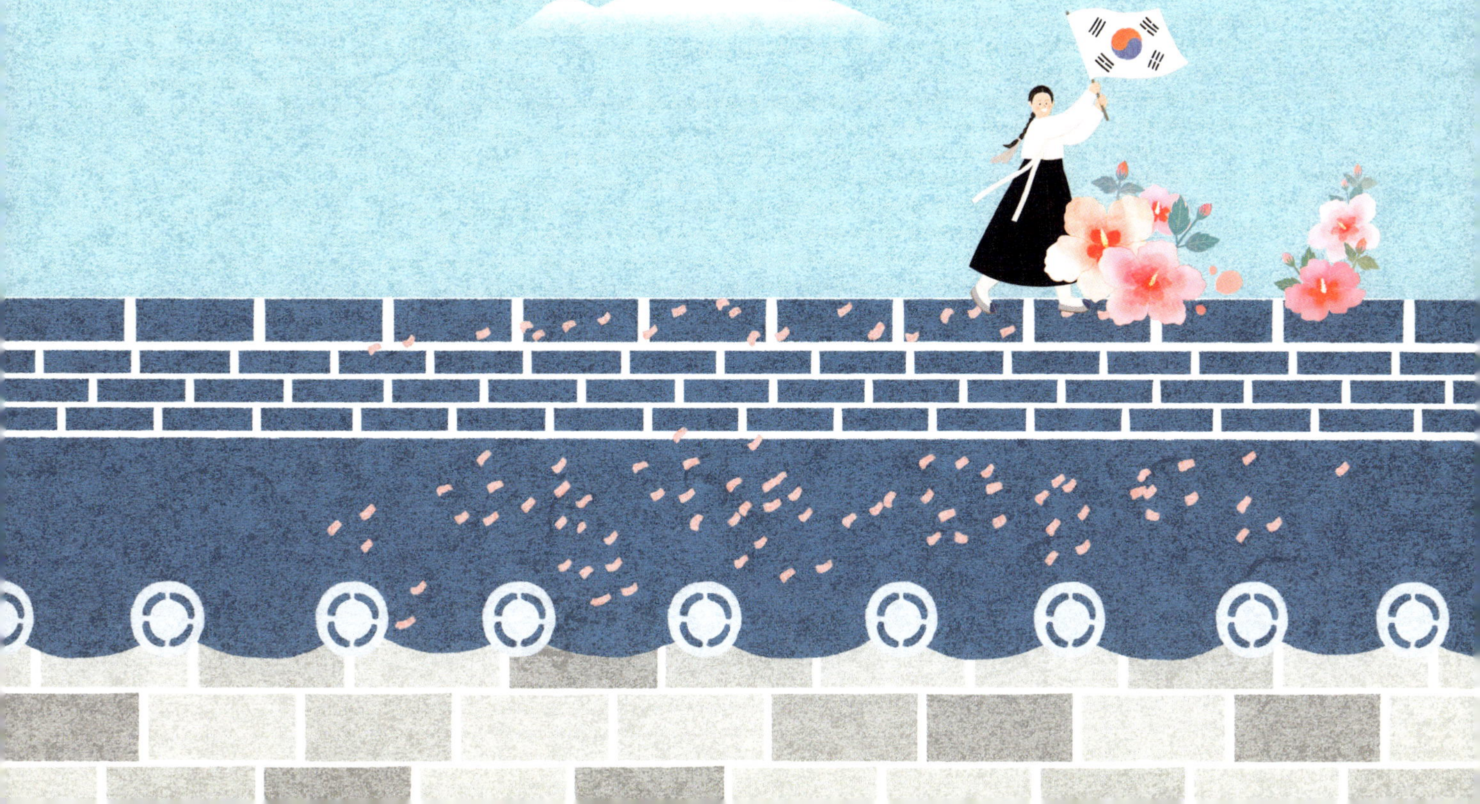

영조와 정조의 정치

조선 제21대 왕(1694~1776년)

| 영조 | 탕평책 | 균역법 | 속대전 |

조선 영조 22년(1746년)에 김재로가 경국대전 시행 이후 임금의 명령과 규칙을 모아 만든 책

| 정조 | 규장각 | 수원화성 | 대전통편 |

조선시대에 경국대전과 속대전 및 그 뒤의 법령을 통합하여 편찬한 책

- **탕평책** : 조선 영조 때 당쟁의 폐단을 없애기 위하여 각 당파에서 고르게 인재를 등용하던 정책입니다.

- **균역법** : 조선 영조 26년(1750년)에 백성의 세금 부담을 줄이기 위하여 만든 납세 제도로, 농민에게 부담됐던 군포 2필을 1필로 줄여주었어요.

 **다산 정약용**

실제로 소용되는 참된 학문 → 실학

토지 경작을 통해 노동량에 따라 생산물을 분배하는 방식 → 여전론

| 실학 | 정약용 | 여전론 | 목민심서 | 거중기 |

208 / 209 / 210 / 211 / 212

 **세도정치**

| 세도정치 | 안동김씨 | 풍양조씨 |

213 / 214 / 215

- **정약용** : 조선 후기의 학자(1762~1836). 호는 **다산**(茶山). 유형원과 이익 등의 실학을 계승하고 집대성하였습니다. 저서에 「**목민심서**」, 「흠흠신서」, 「경세유표」 등이 있습니다. 서양 책을 보고 도르레의 원리를 이용해 무거운 물건을 들어 올리는 데에 쓰는 **거중기**를 발명했습니다.

- **세도정치** : 왕실과 가까운 친족이나 신하가 강력한 권세를 잡고 온갖 정사(政事)를 마음대로 하는 정치입니다. 순조, 헌종, 철종의 3대 60여 년 동안 왕의 외척인 안동 김씨, 풍양 조씨 가문이 세도정치를 통해 권력을 장악했어요.

71

 **경제의 변화**

↳ 이앙법으로 이모작 가능

| 모 | 내 | 기 | 법 |
216

| 모 | 내 | 기 | 법 |

↳ 전국의 '장시'를 무대로 활동

| 보 | 부 | 상 |
217

| 보 | 부 | 상 |

↳ 인조 11년(1633년)부터 조선 후기에 쓰던 엽전의 이름

| 상 | 평 | 통 | 보 |
218

| 상 | 평 | 통 | 보 |

 **서학과 동학**

| 정 | 감 | 록 |
219

| 정 | 감 | 록 |

↳ 조선시대에 '천주교'를 이르던 말

| 서 | 학 | | 천 | 주 | 교 |
220 221

| 서 | 학 | | 천 | 주 | 교 |

↳ 1801년 가톨릭교 박해 사건

| 신 | 유 | 박 | 해 |
222

| 신 | 유 | 박 | 해 |

- **상평통보** : 조선시대에 쓰던 엽전의 이름으로, 인조 11년(1633년)부터 조선 후기까지 사용했어요.

- **정감록** : 조선 중기 이후 백성들에게 유포된 예언서

72

인내천사상을 통해 인간의 존엄성과 평등을 강조한 동학 창시

| 홍경래의 난 | 최제우 | 동학 | 인내천 |
| 223 | 224 | 225 | 226 |

서민문화의 발달

조선 광해군 때 허균이 지은 우리나라 최초의 한글 소설

| 서당 | 한글소설 | 홍길동전 | 춘향전 |
| 227 | 228 | 229 | 230 |

- **홍경래의 난** : 19세기 세도정치 아래에 탐관오리들의 수탈(강제로 빼앗는 것)로 농민의 불만이 불씨가 되어 홍경래가 중소 상인과 유랑 농민들을 규합해 일으킨 '난'입니다.

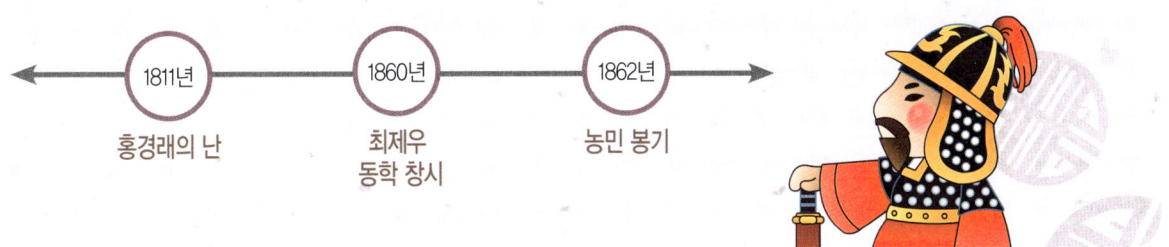

1811년 - 홍경래의 난
1860년 - 최제우 동학 창시
1862년 - 농민 봉기

┌─ 양반을 풍자   ┌─ 탈을 쓰고 하는 연극

| 탈 | 춤 | | 산 | 대 | 놀 | 이 | | 판 | 소 | 리 | | 흥 | 보 | 가 |
231   232   233   234

| 탈 | 춤 | | 산 | 대 | 놀 | 이 | | 판 | 소 | 리 | | 흥 | 보 | 가 |

조선 후기의 풍속화와 민화

┌─ 실용성을 목적으로 이름
│ 없는 백성들이 그린 그림

| 민 | 화 | | 김 | 홍 | 도 | | 신 | 윤 | 복 |
235   236   237

| 민 | 화 | | 김 | 홍 | 도 | | 신 | 윤 | 복 |

민화 '까치호랑이'

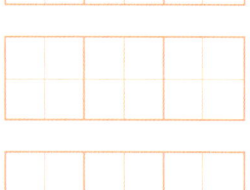
김홍도의 '서당'

신윤복의 '여속도첩'

- **탈춤** : 탈을 쓰지 않고 양반을 비판하면 위험해서 탈을 썼다고 해요.
- **판소리** : 흥보가, 심청가, 춘향가, 적벽가, 수궁가 등이 있어요.
- **김홍도** : 조선 영조 때의 화가(1745~?). 풍속화에서는 해학과 풍자를 섞어 서민사회의 생활 정서를 묘사했어요.

조선 후기의 서예

| 김 | 정 | 희 | | 추 | 사 | 체 | | 세 | 한 | 도 |
238   239   240

| 김 | 정 | 희 | | 추 | 사 | 체 | | 세 | 한 | 도 |

세한도

조선 후기의 공예

조선 초기 청자에 백토(白土)로
분을 발라 다시 구운 도자기

조선 후기 백자에 푸른 무늬를
그린 도자기

| 분 | 청 | 사 | 기 | ➡ | 청 | 화 | 백 | 자 | | 순 | 백 | 자 |
241   242   243

| 분 | 청 | 사 | 기 | | 청 | 화 | 백 | 자 | | 순 | 백 | 자 |

조선 후기 널리 보급된
순백자 '달항아리'

• **김정희** : 조선 후기의 문신 및 서화가(1786~1856년)로, 추사체를 처음 만들었어요. 소나무와 잣나무를 그려넣은 '세한도'는 변치않는 의리를 표현한 것입니다.

쉬어가기 3

아래 사진과 그림을 보고 만든 사람과 그린 사람의 이름을 예쁜 명조체로 써보세요.

: 정답은 110쪽에 :

앙부일구   자격루

만든 사람 →

서당   무동

그린 사람 →

세한도

그린 사람 →

여속도첩

그린 사람 →

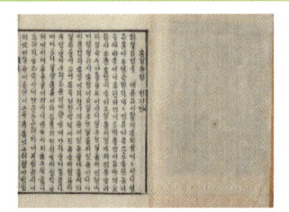

홍길동전

쓴 사람 →

한국사 단어 244~289

8장

서양 세력의 침략과
일제의 식민 지배 과정

'명조체'로 따라 쓰기

흥선대원군

1863년 고종이 즉위하면서 아버지인 흥선대원군이 집권
흥선대원군

조선의 제26대 왕 (1852~1919년)
고종

양반에게도 군포를 걷음
호포제

왕권강화

서양 세력의 침략

서양의 배
이양선

무역

1866년 프랑스 함대가 강화도 침략
병인양요

1871년 미국 함대가 강화도 침략
신미양요

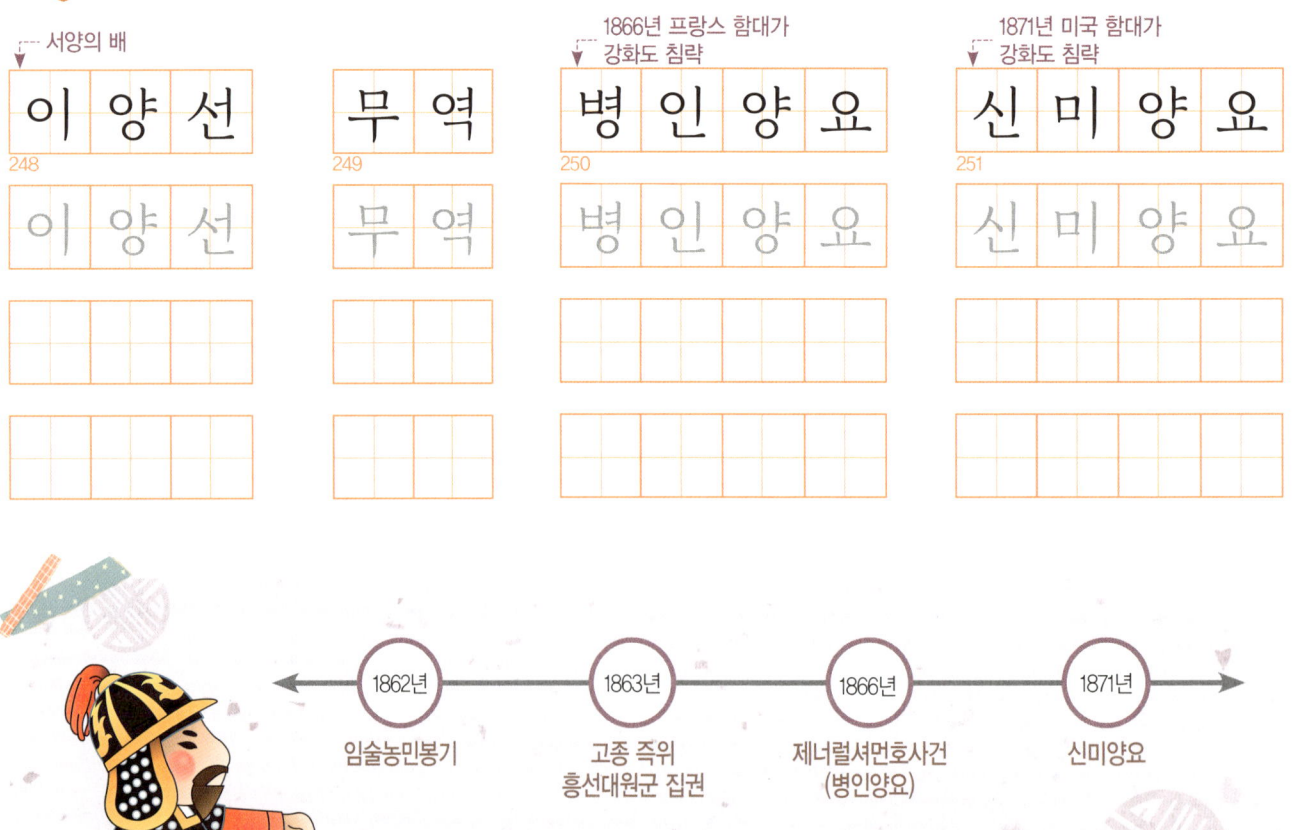

1862년 임술농민봉기
1863년 고종 즉위 흥선대원군 집권
1866년 제너럴셔먼호사건 (병인양요)
1871년 신미양요

불평등한 강화도조약

운	요	호	사	건

252

운	요	호	사	건

강	화	도	조	약

253

강	화	도	조	약

별	기	군

254

별	기	군

- **운요호사건(운양호사건)** : 1875년 일본이 외교권을 주도하려는 목적으로 일본 운요호 군함으로 무력 시위를 벌인 사건
- **강화도조약** : 1876년 일본 운요호사건을 계기로 조선 고종 13년에 조선과 일본이 체결한 조약. 군사력을 동원한 일본의 강압에 의하여 맺어진 불평등 조약
- **별기군** : 고종 18년(1881년)에 조직한 근대식 군대

임	오	군	란

255

임	오	군	란

갑	신	정	변

256

갑	신	정	변

- **임오군란** : 고종 19년(1882년) 임오년에 구식 군대의 군인들이 신식 군대인 별기군과의 차별 대우와 밀린 급료에 불만을 품고 군제 개혁에 반대하며 일으킨 난리
- **갑신정변** : 고종 21년(1884년) 김옥균, 박영효 등의 개화당이 민씨 일파를 몰아내고 정부를 다시 세우기 위해 일으킨 정변

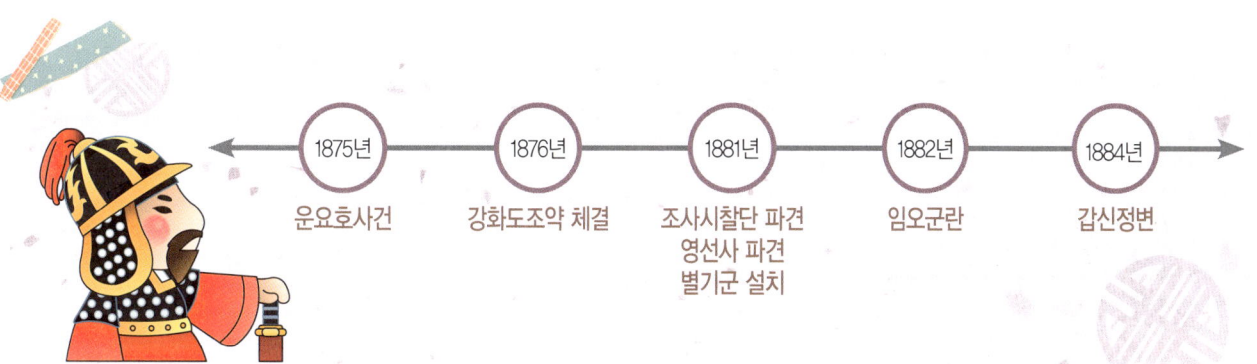

1875년 운요호사건 — 1876년 강화도조약 체결 — 1881년 조사시찰단 파견 / 영선사 파견 / 별기군 설치 — 1882년 임오군란 — 1884년 갑신정변

갑오개혁

1894년 7월 1차 갑오개혁

| 갑 | 오 | 개 | 혁 |

| 군 | 국 | 기 | 무 | 처 |

| 신 | 분 | 제 | 철 | 폐 |

- **갑오개혁** : 조선 1894년 7월~1896년 2월 사이에 추진되었던 개혁 운동. 개화당이 정권을 잡아 3차에 이르는 개혁을 통하여 재래의 문물 제도를 근대식으로 고치는 등 정치, 경제, 사회 전반에 걸쳐 혁신을 단행하였다.

1894년 12월 2차 갑오개혁 – 김홍집과 박영효를 연립해 일본의 내정 간섭이 본격화됨

| 김 | 홍 | 집 |

| 박 | 영 | 효 |

| 홍 | 범 | 14 | 조 |

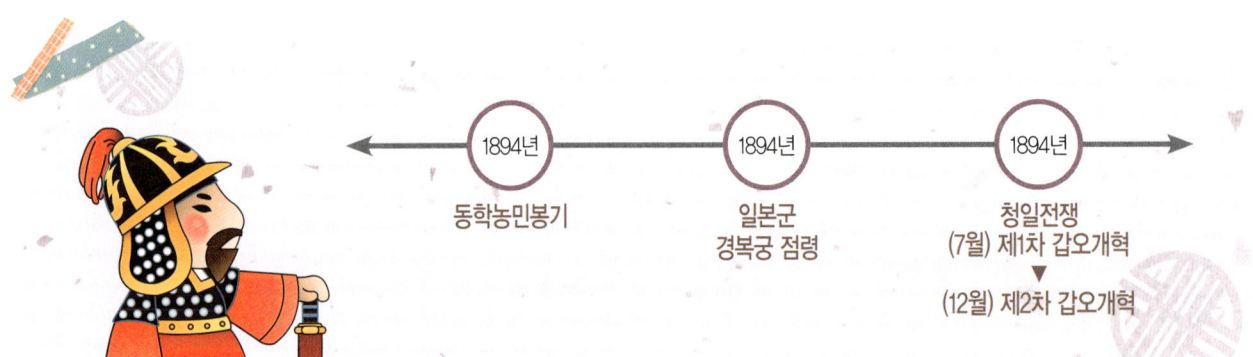

1894년 동학농민봉기 — 1894년 일본군 경복궁 점령 — 1894년 청일전쟁 (7월) 제1차 갑오개혁 / (12월) 제2차 갑오개혁

을미사변과 을미개혁

고종 32년(1895년 8월) 일본은 군대와 낭인들을 경복궁으로 난입시켜
친러 정책을 주도한 명성황후를 시해

을미사변 263
명성황후 시해사건 264 265

상투 풍속을 없애고 머리를 짧게 깎도록 한 명령
천연두를 예방하기 위해 몸에 백신을 접종하는 방법

을미개혁 266
단발령 267
종두법 268
아관파천 269

- **을미개혁** : 을미사변 이후 친일파인 김홍집과 유길준을 중심으로 내각 구성
- **아관파천** : 1896년 2월 11일~1897년 2월 20일까지 친러 세력에 의해 고종과 세자가 러시아 공사관에서 거처한 사건

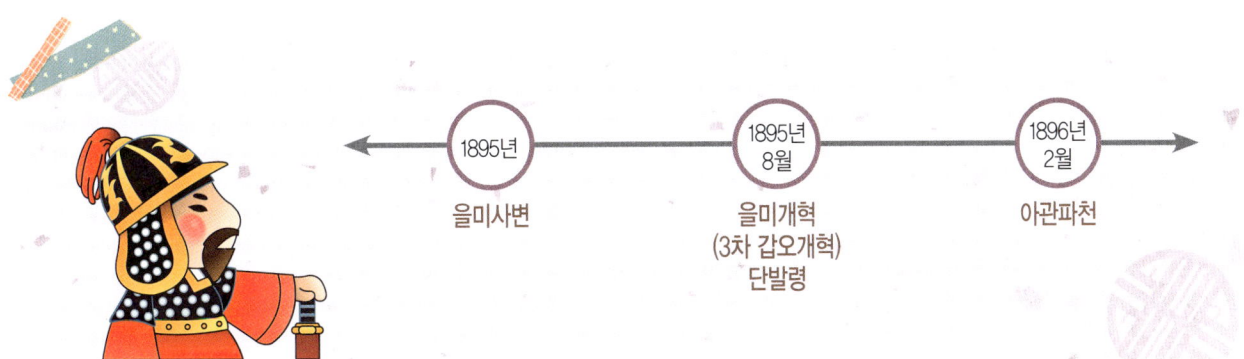

1895년 을미사변 — 1895년 8월 을미개혁 (3차 갑오개혁) 단발령 — 1896년 2월 아관파천

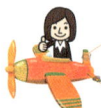

일본이 우리나라를 빼앗는 과정

1904년 내정간섭

270 한일협약

한일협약

271 러일전쟁

러일전쟁

1905년 외교권 박탈

272 을사늑약

을사늑약

1906년 통감부 설치로 대한제국 지배권 강화

273 통감부설치

통감부설치

274 헤이그 275 특사파견

헤이그 특사파견

- **러일전쟁** : 1904년에 한반도와 만주에 대한 지배권을 둘러싸고 러시아와 일본 사이에 일어난 전쟁. 일본이 승리하여 1905년에 러시아와 포츠머스조약을 체결한 후 우리나라에 대한 일본의 지배권 강화
- **헤이그특사** : 1907년 네덜란드 헤이그에서 열린 제2차 만국평화회의에 고종은 이준, 이상설, 이위종으로 구성된 헤이그특사 파견

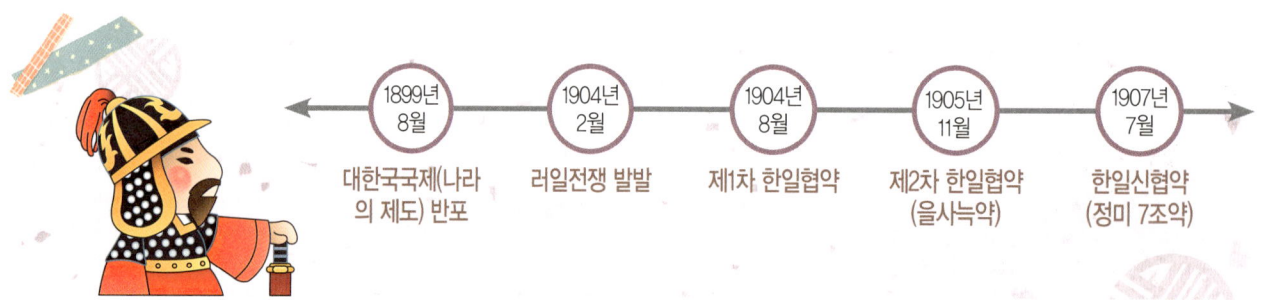

- 1899년 8월 — 대한국국제(나라의 제도) 반포
- 1904년 2월 — 러일전쟁 발발
- 1904년 8월 — 제1차 한일협약
- 1905년 11월 — 제2차 한일협약 (을사늑약)
- 1907년 7월 — 한일신협약 (정미 7조약)

1907년 헤이그특사 파견을 빌미로 고종을 강제 퇴위시킴

고종강제퇴위

대한제국의 중요한 관직은 모두 일본인이 차지하고, 행정·사법 사무를 통감부의 감독 아래에 둠(정미7조약)

한·일신협약

한·일병합조약

조선총독부

- **한·일병합조약** : 1910년 8월 이완용과 통감 데라우치가 체결한 조약으로 대한제국의 국권 상실
- **조선총독부** : 일제가 1910~1945년에 우리나라를 지배하기 위해 설치했던 최고 행정 관청. 입법, 사법, 행정 및 군대 통수권을 집행하는 막강한 권한을 행사

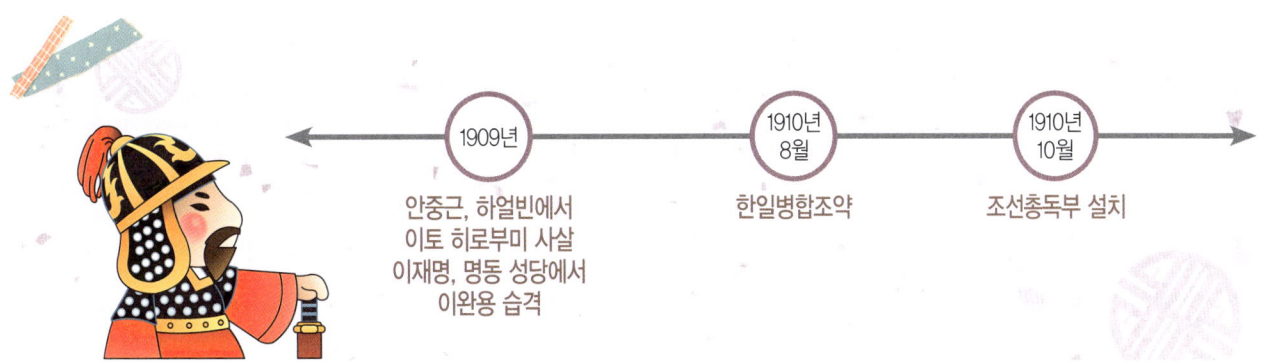

1909년 — 안중근, 하얼빈에서 이토 히로부미 사살 / 이재명, 명동 성당에서 이완용 습격
1910년 8월 — 한일병합조약
1910년 10월 — 조선총독부 설치

항일 의병 운동과 투쟁

| 최익현 | 신돌석 (태백산 호랑이, 평민 출신의 의병대장) | 안중근 (1909년 하얼빈역에서 이토 히로부미 처단) | 이재명 (1909년 비밀결사를 조직해 이완용 습격) |

| 신민회 (1907년 안창호가 양기탁, 이동녕, 이갑 등과 함께 국권 회복을 목적으로 조직한 항일 비밀 결사 단체) | 안창호 (독립운동가(1878~1938년). 호는 도산(島山). 신민회를 조직하고, 평양에 대성학교 설립) | 양기탁 | 신채호 |

| 이회영 (남만주에서 신흥무관학교를 세워 독립군 양성) | 신흥무관학교 |

한국사 단어 290~330

9장

나라를 찾기 위한 민족운동과
대한민국의 오늘날

'명조체'로 따라 쓰기

일제의 민족 말살 정부

| 창씨개명 | 신사참배 | 한글사용금지 |

신사참배: 일제가 우리의 종교와 사상 자유를 억압하기 위하여 신사에 배례하도록 강요

3.1운동의 전개와 대한민국 임시정부 수립

| 민족자결주의 | 2·8독립선언 |

2·8독립선언: 1919년 2월 8일 동경 유학생들이 발표한 독립 선언

- **창씨개명** : 우리의 성과 이름을 일본식 성명으로 강요했어요.
- **윌슨의 민족자결주의** : 민족자결의 원칙을 실현하려는 사상. 1918년에 미국의 윌슨 대통령이 제창하고 파리평화회의에서 채택되어 식민지 국가의 독립운동에 많은 영향을 끼쳤어요.

⌐-- 여성 독립운동가(1902~1920년).

제암리 학살사건 : 3·1운동 당시 수원 제암리에서 일본군이 교회 안에 주민을 가두고 총으로 사격한 만행

3	·	1	운	동
3	·	1	운	동

유	관	순
유	관	순

제	암	리	학	살
제	암	리	학	살

⌐-- 1919년 4월 이승만, 김구 등을 중심으로 대한민국의 광복을 위하여 임시로 조직한 정부

대	한	민	국	임	시	정	부	수	립
대	한	민	국	임	시	정	부	수	립

- **3·1운동** : 1919년 3월 1일 손병희, 이승훈, 한용운 등 33인이 중심이 되어 '독립선언서'를 낭독하고 민족의 자주독립을 선언했어요.
- **대한민국 임시정부 수립** : 1919년 4월 중국 상하이에서 이승만, 김구 등을 중심으로 대한민국의 광복을 위하여 임시로 조직한 정부. 광복 때까지 항일 민족운동의 중심 기관이었어요.

나라를 지키기 위한 노력

홍범도는 1920년 6월 대한독립군을 이끌고 봉오동전투에서 큰 승리를 거둠

독립운동가(1889~1930년). 3·1운동 때 만주에 들어가 북로군정서를 조직하고 총사령이 되어 사관 양성소를 설립하여 병력을 양성함. 1920년 청산리대첩에서 일본군을 크게 무찌름

봉오동전투

김좌진 청산리대첩

의열단 한인애국단 김구 윤봉길

독립운동가(1908~1932년). 1930년 중국 상하이로 가서 김구의 한인애국단에 가입

- **한인애국단** : 김구 선생이 조직한 항일독립운동단체로, 윤봉길 선생은 상하이 홍구공원에서, 이봉창 선생은 도쿄에서 히로히토 일본 천황에게 폭탄을 던졌어요.

- **김구** : 독립운동가(1876~1949년). 호는 백범(白凡). 3·1운동 후 중국 상하이의 임시정부 조직에 참여했고, 1928년 이시영 등과 함께 한국독립당을 조직하여 이봉창, 윤봉길 등의 의거를 지휘했어요. 1944년 임시정부 주석으로 선임되었고, 8·15광복 이후에는 신탁통치와 남한 단독 총선을 반대하며 남북 협상을 제창하다가 1949년 안두희에게 암살당했답니다. 저서에 〈백범일지〉가 있어요.

문학과 예술

시인(1902~1934년). 1922년에 〈개벽〉에 대표작 '진달래꽃' 발표

승려, 시인, 독립운동가(1879~1944년). 3·1운동 때 민족 대표 33인 중 한 사람. 시집 〈님의 침묵〉

| 김소월 | 한용운 | 심훈 | 이육사 | 윤동주 |

아동 문학가(1899~1931년). 호는 소파

작곡가, 지휘자(1898~1941년). 우리나라 근대 음악의 선구자로, 서양 음악을 보급. '봉선화', '성불사의 밤', '봄처녀' 등이 대표 작품

서양화가(1916~1956년)

| 방정환 | 홍난파 | 안익태 | 이중섭 |

- **윤동주** : 시인(1917~1945년). 만주 북간도에서 출생, 1943년에 독립운동의 혐의로 일본 경찰에 검거된 후 규슈 후쿠오카 형무소에서 옥사했어요. 광복 후 그의 유고를 모은 시집 〈하늘과 바람과 별과 시〉가 발간되었어요.

- **방정환** : 아동 문학가(1899~1931년). 호는 소파(小波). 우리나라 최초의 아동문화운동 단체인 '색동회' 등을 조직하고, 어린이날을 제정했으며, 잡지 〈어린이〉를 창간했어요.

- **안익태** : 지휘자(1906~1965년). '애국가'를 작곡했어요.

8.15광복~대한민국의 오늘

1945년 8월 15일 제2차 세계대전에서 일본이 패망하면서 우리나라는 광복을 맞음

315 8·15광복 → 316 신탁통치

8·15광복 | 신탁통치

- **신탁통치** : 제2차 세계대전 후 자치 능력이 결여되어 정치적 혼란이 우려되는 지역에 잠정적으로 강대국이 대신 위임 통치하게 함

322 유신체제 → 323 전두환 → 324 5·18민주화운동

12.12사태로 군사권 장악, 5.18 민주화운동 탄압

5·18민주화운동 | 전두환 | 유신체제

대통령 직선제

제13대 대한민국 대통령
325 노태우

제14대 대한민국 대통령
326 김영삼

제15대 대한민국 대통령
327 김대중

노태우 | 김영삼 | 김대중

1948년 7월 24일 이승만 대통령 취임,
1948년 8월 15일 대한민국 정부 수립

대한민국정부수립
317

1950년 6월 25일 북한의 남침으로 전쟁 시작,
1953년 7월 27일 휴전 협정(전쟁 종료)

6·25전쟁
318

전국 부정선거 반대 시위를
시작으로 이승만 대통령 하야

연이은 헌법 개정으로
장기 독재

유신헌법
박정희 대통령의
독재를 위하여
만들어진 헌법

박정희
321

4·19혁명
320

이승만
319

제16대 대한민국 대통령

노무현
328

제17대 대한민국 대통령

이명박
329

제18대 대한민국 대통령.
2017년 3월 10일 헌법재판소
탄핵이 결정되어 파면됨

박근혜
330

문재인
2017년 5월
제19대 대한민국 대통령

91

셋째 마당

역사 이야기와 함께
바르게
문장 따라쓰기

10장

아름다운 편지와 시 따라 쓰기

윤동주 / 김구 / 한용운 / 방정환

윤동주 님의 '서시'를
예쁜 명조체로 따라 써보세요. — 크기 23point —

죽는 날까지 하늘을 우러러

죽는 날까지 하늘을 우러러

한 점 부끄럼이 없기를

한 점 부끄럼이 없기를

잎새에 이는 바람에도

잎새에 이는 바람에도

나는 괴로워했다

나는 괴로워했다

윤동주 : 시인(1917~1945년). 만주 북간도에서 출생, 1943년에 독립운동의 혐의로 일본 경찰에 검거된 후 규슈 후쿠오카 형무소에서 옥사했어요. 광복 후 그의 유고를 모은 시집 〈하늘과 바람과 별과 시〉가 발간되었어요.

별을 노래하는 마음으로

모든 죽어가는 것을 사랑해야지

그리고 나한테 주어진 길을

걸어가야겠다

오늘 밤에도 별이 바람에 스치운다

윤동주 님의 '새로운 길'을
예쁜 명조체로 따라 써 보세요. — 크기 23point —

내를 건너서 숲으로

내를 건너서 숲으로

고개를 넘어서 마을로

고개를 넘어서 마을로

어제도 가고 오늘도 갈

어제도 가고 오늘도 갈

나의 길 새로운 길

나의 길 새로운 길

민들레가 피고 까치가 날고

아가씨가 지나고 바람이 일고

나의 길을 언제나 새로운길

오늘도… 내일도…

내를 건너서 숲으로 / 고개를 넘어서 마을로

백범 김구 선생님의 '편지 한 장'을 예쁜 명조체로 따라 써보세요. — 크기 23point —

어릴 때는 나보다 중요한 사람이 없고

어릴 때는 나보다 중요한 사람이 없고

나이 들면 나만큼 대단한 사람이 없으며

나이 들면 나만큼 대단한 사람이 없으며

늙고 나면 나보다 더 못한 사람이 없다

늙고 나면 나보다 더 못한 사람이 없다

— 중간 생략 —

김 구 : 독립운동가(1876~1949년). 호는 백범(白凡). 3·1운동 후 중국 상하이의 임시정부 조직에 참여했고, 1928년 이시영 등과 함께 한국독립당을 조직하여 이봉창, 윤봉길 등의 의거를 지휘했어요. 1944년 임시정부 주석으로 선임되었고, 8·15광복 이후에는 신탁통치와 남한 단독 총선을 반대하며 남북 협상을 제창하다가 1949년 안두희에게 암살당했답니다. 저서에 〈백범일지〉가 있어요.

천국을 만드는 방법도 간단하다

가까이 있는 사람을 사랑하면 된다

모든 것이 다 가까이서 시작된다

또 상처를 키울 것인지 말 것인지도

내가 결정한다

내가 결정한다

그 사람 행동은 어쩔 수 없지만

그 사람 행동은 어쩔 수 없지만

반응은 언제나 내 몫이다

반응은 언제나 내 몫이다

산고를 겪어야 새 생명이 나타나고

산고를 겪어야 새 생명이 나타나고

꽃샘추위를 겪어야 봄이 오며

꽃샘추위를 겪어야 봄이 오며

어둠이 지나야 새벽이 온다

결국 모든 것이 나로부터

시작되는 것이다

나를 다스려야 뜻을 이룬다

모든 것이 내 자신에 달려 있다

만해 한용운 선생님의 '님의 침묵'을 예쁜 명조체로 따라 써보세요. — 크기 20point —

님은 갔습니다.

님은 갔습니다.

아아 사랑하는 나의 님은 갔습니다.

아아 사랑하는 나의 님은 갔습니다.

푸른 산빛을 깨치고

푸른 산빛을 깨치고

단풍나무 숲을 향하여 나있는

단풍나무 숲을 향하여 나있는

한용운 : 승려, 시인, 독립운동가(1879~1944년). 법호는 만해(萬海, 卍海). 용운은 법명.
3·1운동 때 민족 대표 33인 중 한 사람.
〈조선 독립의 서(書)〉 외에 시집 〈님의 침묵〉, 소설 〈흑풍〉이 있고, 저서에 〈조선 불교 유신론〉 등이 있다.

작은 길을 걸어서, 차마 떨치고 갔습니다.

황금의 꽃같이 굳고 빛나던 옛 맹세는

차디찬 티끌이 되어서

한숨의 미풍에 날아갔습니다.

날카로운 첫 키스의 추억은

나의 운명의 지침을 돌려놓고

뒷걸음쳐서 사라졌습니다.

나는 향기로운 님의 말소리에 귀먹고

꽃다운 님의 얼굴에 눈멀었습니다.

사랑도 사람의 일이라

만날 때에 미리 떠날 것을 염려하고

경계하지 아니한 것은 아니지만,

이별은 뜻밖의 일이 되고

놀란 가슴은 새로운 슬픔에 터집니다.

그러나 이별은

— 생 략 —

방정환 선생님의 '귀뚜라미'를 예쁜 명조체로 따라 써보세요. — 크기 17point —

귀뚜라미 귀뜨르르 가느단 소리

달님도 추워서 파랗습니다.

울 밑에 과꽃이 네 밤만 자면

눈 오는 겨울이 찾아온다고

귀뚜라미 귀뜨르르 가느단 소리

달밤에 오동잎이 떨어집니다.

방정환 선생님의 '여름비'를 예쁜 명조체로 따라 써보세요. — 크기 17point —

여름에 오는 비는 나쁜 비야요.

굵다란 은젓가락 나려던져서

내가 만든 꽃밭을 허문답니다.

여름에 오는 비는 엉큼하여요.

가느단 비단실을 술술 나려서,

연못의 금잉어를 낚는답니다.

방정환 선생님의 '형제 별'을 예쁜 명조체로 따라 써보세요.

— 크기 17point —

날 저무는 하늘에 별이 삼형제

반짝반짝 정답게 지내더니

웬일인지 별 하나 보이지 않고

남은 별이 둘이서 눈물 흘린다.

정답 확인

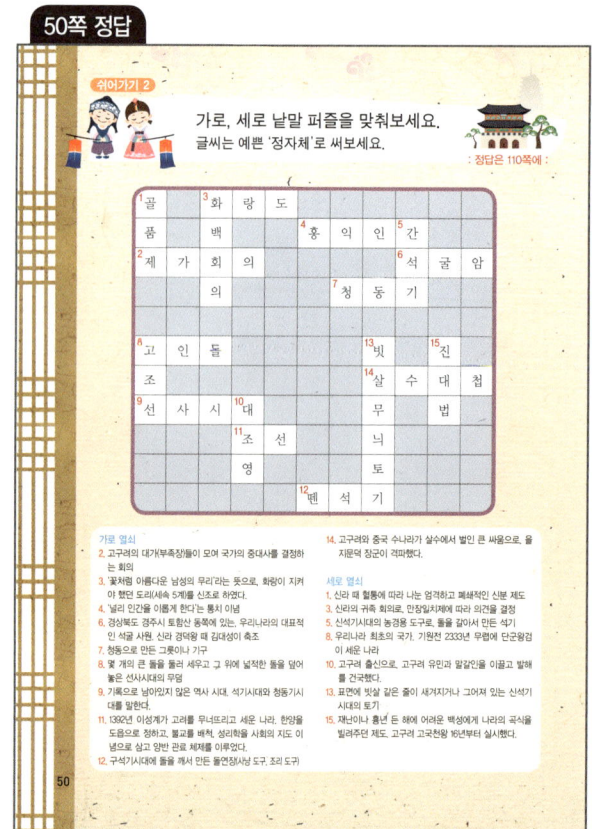

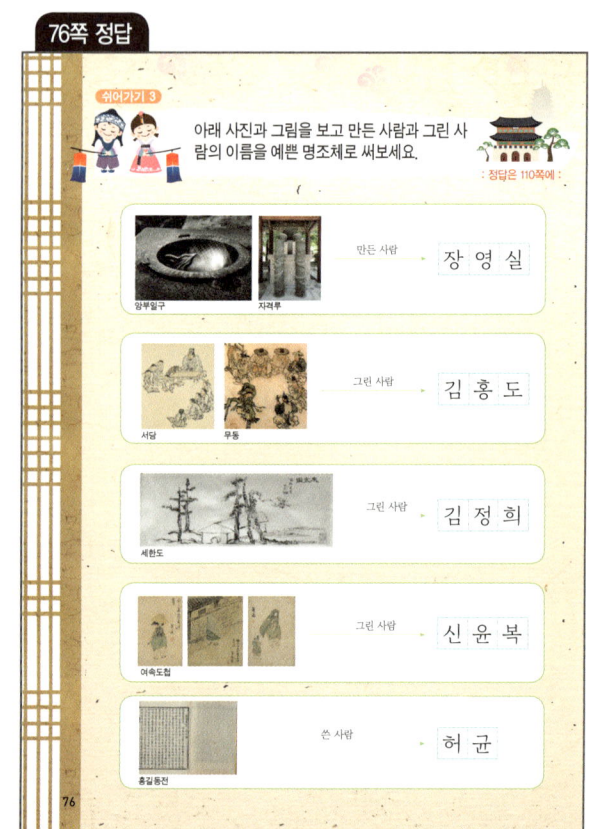

_____ 님에게

「바른 손글씨 한국사 330」의 쓰기 단어는

그 시대 중요한 인물과 유물, 그리고 사건입니다.

어렵고 힘든 한국사 단어 330개를

끝까지 완료하여 이 상장을 드립니다.

도서출판 큰그림 드림

초등학생을 위한
바른 손글씨 사회 330
편집부 | 8,500원 | 104쪽

초등학생을 위한
바른 손글씨 과학 330
편집부 | 8,500원 | 96쪽

무한도전 낱말퍼즐 **한국사**
편집부 | 8,000원 | 124쪽

무한도전 낱말퍼즐 **과학**
편집부 | 8,000원 | 126쪽

무한도전 낱말퍼즐
초등사회 3학년
편집부 | 7,000원 | 110쪽

무한도전 **한자퍼즐**
편집부 | 8,000원 | 126쪽

한자를 알면 어휘가 보인다

사자성어 200
7,000원

기초한자 700
7,000원

명심보감
7,000원

**하루 한 그림
오늘은 오일파스텔**
김지은 지음 / 15,000원

**〈다짜고짜 오일파스텔〉
조용한 오리와 오일파스텔**
김지은 지음 / 13,000원

**〈다짜고짜 펜들기〉
드로잉 공작소**
김정희 지음 / 12,000원

**사랑을 꿈꾸는
컬러링 공작소**
김정희 지음 / 12,000원

도서출판 큰그림에서는 역량있는 저자분들의 원고 투고를 기다리고 있습니다.
big_picture_41@naver.com